ការនិយាយភាសាខ្មែរ
តាមបរិបទ

柬埔寨语情景口语

梁　远 / 主编

邓　凯　〔柬〕云索飞 / 著

图书在版编目(CIP)数据

柬埔寨语情景口语 / 梁远主编；邓凯，(柬)云索飞著. —北京：北京大学出版社，2020.11
　ISBN 978-7-301-31780-8

Ⅰ. ①柬…　Ⅱ. ①梁…　②邓…　③云…　Ⅲ. ①柬埔寨语 – 口语 – 教材　Ⅳ. ① H613.94

中国版本图书馆 CIP 数据核字 (2020) 第 203180 号

书　　名	柬埔寨语情景口语 JIANPUZHAIYU QINGJING KOUYU
著作责任者	梁远　主编　邓凯　〔柬〕云索飞　著
责任编辑	任蕾
柬埔寨校对	陈旻
插图绘制	莫溪怡　李佩莹
标准书号	ISBN 978-7-301-31780-8
出版发行	北京大学出版社
地　　址	北京市海淀区成府路 205 号　100871
网　　址	http://www.pup.cn　新浪微博：@ 北京大学出版社
电子信箱	zpup@pup.cn
电　　话	邮购部 010-62752015　发行部 010-62750672 编辑部 010-62753334
印刷者	北京虎彩文化传播有限公司
经销者	新华书店 720 毫米 ×1020 毫米　16 开本　16 印张　233 千字 2020 年 11 月第 1 版　2024 年 4 月第 2 次印刷
定　　价	58.00 元（含视频）

未经许可，不得以任何方式复制或抄袭本书之部分或全部内容。
版权所有，侵权必究
举报电话: 010-62752024　电子信箱: fd@pup.pku.edu.cn
图书如有印装质量问题，请与出版部联系，电话: 010-62756370

编委会

主编
梁 远

副主编
覃秀红　陆进强

编委
梁　远　〔越南〕郑月兰　〔越南〕阮青海
黎春晓　〔泰国〕张亲亲　〔泰国〕葛兰
邓　凯　〔柬埔寨〕云索飞
朱　君　〔缅甸〕杜瓦底敦
唐妍懿　〔印度尼西亚〕李亚梅
岑雨洋　〔马来西亚〕巴斯里

视频处理
岑雨洋　熊慧妮　潘立童　陆倩怡

前　言

本教材由我国"教育部非通用语种本科人才培养基地"——广西民族大学东南亚语言文化学院的柬埔寨语教师合作编写，教材编写组成员包括中国教师和外籍教师（专家），本书从整体框架到具体的情景设置，"中""外"合作，互相把关，力求呈现地道柬埔寨语口语的同时，也保证教材的"可学性"，难度由浅入深，循序渐进。

本教材共三十三课，每课包括三个情景对话。第一课到第十五课的情景设置首先从基本的问候和自我介绍开始，然后进入与学生日常生活息息相关的校园生活情景，如天气、衣着、个人爱好、个人理想、交通和问路等。第十六到第三十二课的情景设置是在前期的语言学习基础上，向外延伸至与社会活动相关的主题对话，如看演唱会、看电影、旅游、网购、求职、庆祝节日等。

本教材秉承"听说领先"的原则，以柬埔寨外教和留学生录制的情景对话视频为配套资源，让零基础的柬埔寨语学习者先以视听入门，模仿视频对话。通过大量的模仿练习，学生可以形成一定的柬埔寨语语感，进而转入"说"的输出阶段，实现脱口而出便是地道柬埔寨语的目标。从第六课开始，学生除了要完成一定量的模仿练习外，还要增加拓展练习。教材结合所学的情景对话，创设新的情景，在引导学生复习所学的同时，为学生自由拓展对话内容留出余地。

为鼓励初学者开口说柬埔寨语，本书把口语学习侧重于"说"，不过于强调单个词语的拼写，或者某个语法知识点的绝对规范性，从而减少学生对于文字的依赖。为方便学生充分利用碎片时间学习柬埔寨语，每课均附有相应的视频链接，学生可通过手机扫描二维码的方式，观看情景对话视频，随时随地沉浸于"柬埔寨语"情景中，方便自主学习。

尽管编写组成员已尽心尽力，但由于水平有限，难免还会出现错漏，不足之处敬请各方专家和广大读者不吝赐教！

作　者

2019 年 6 月

មាតិកា

目 录

មេរៀនទី១ ការស្វរសុខទុក្ខ
第一课　问候………………………………………………………1

មេរៀនទី២ ការណែនាំខ្លួន
第二课　自我介绍…………………………………………………8

មេរៀនទី៣ ក្នុងថ្នាក់រៀន
第三课　校园生活之教室篇………………………………………16

មេរៀនទី៤ ក្នុងអន្តេវាសិកដ្ឋាន
第四课　校园生活之宿舍篇………………………………………23

មេរៀនទី៥ ក្នុងអាហារដ្ឋាន
第五课　校园生活之食堂篇………………………………………30

មេរៀនទី៦ អាកាសធាតុ
第六课　天气………………………………………………………37

មេរៀនទី៧ សម្លៀកបំពាក់
第七课　衣着服饰…………………………………………………43

មេរៀនទី៨ គ្រួសារខ្ញុំ
第八课　我的家庭…………………………………………………50

មេរៀនទី៩ ស្រុកកំណើតខ្ញុំ
第九课　我的家乡…………………………………………………56

មេរៀនទី១០ មិត្តភក្តិខ្ញុំ
第十课 我的朋友 ······ 63

មេរៀនទី១១ ចំណង់ចំណូលចិត្តខ្ញុំ
第十一课 我的兴趣爱好 ······ 70

មេរៀនទី១២ ក្តីសុបិនខ្ញុំ
第十二课 我的理想 ······ 77

មេរៀនទី១៣ ការសួររកផ្លូវ
第十三课 问路 ······ 84

មេរៀនទី១៤ គមនាគមន៍
第十四课 交通工具 ······ 91

មេរៀនទី១៥ ម្ហូបអាហារ
第十五课 饮食 ······ 99

មេរៀនទី១៦ ការទៅមើលភាពយន្ត
第十六课 看电影 ······ 106

មេរៀនទី១៧ ការប្រគំតន្ត្រី
第十七课 看演唱会 ······ 113

មេរៀនទី១៨ ល្ខោនខោល
第十八课 看考尔剧 ······ 120

មេរៀនទី១៩ ការដើរកម្សាន្ត
第十九课 去旅行 ······ 126

មេរៀនទី២០ ការទៅមន្ទីរពេទ្យ
第二十课 去医院 ······ 133

មេរៀនទី២១ ក្នុងសណ្ឋាគារ
第二十一课 住酒店 ······ 140

មេរៀនទី២២ ការកក់សំបុត្រយន្តហោះ
第二十二课　订飞机票 …………………………………………… 147

មេរៀនទី២៣ រមណីយដ្ឋានទេសចរណ៍
第二十三课　柬埔寨的风景名胜 ………………………………… 154

មេរៀនទី២៤ ភ្នំពេញ
第二十四课　魅力金边 …………………………………………… 161

មេរៀនទី២៥ កីឡា
第二十五课　体育锻炼 …………………………………………… 168

មេរៀនទី២៦ ផ្សារទំនើប
第二十六课　超市 ………………………………………………… 175

មេរៀនទី២៧ ផ្សារ
第二十七课　市场 ………………………………………………… 182

មេរៀនទី២៨ ទូរស័ព្ទដៃ
第二十八课　手机 ………………………………………………… 190

មេរៀនទី២៩ បណ្តាញអ៊ីនធឺណិត
第二十九课　网络生活 …………………………………………… 197

មេរៀនទី៣០ ធនាគារ
第三十课　银行 …………………………………………………… 205

មេរៀនទី៣១ គយ
第三十一课　过海关 ……………………………………………… 212

មេរៀនទី៣២ ការរកការងារ
第三十二课　求职 ………………………………………………… 219

មេរៀនទី៣៣ ពិធីបុណ្យ
第三十三课　柬埔寨传统节日 …………………………………… 227

生词总表 ……………………………………………………………… 235

扫码收看视频

មេរៀនទី១ ការសួរសុខទុក្ខ
第一课　问候

១. ការសន្ទនា
一、情景对话

ក. ការសួរសុខទុក្ខឪពុកម្ដាយ
情景1　问候父母

កូន : ជម្រាបសួរ ពុក! ពុកសុខសប្បាយទេ?

ពុក: សួស្ដី កូន! ពុកសុខសប្បាយគ្រើៗ ចុះកូនវិញ?

កូន : កូនក៏សុខសប្បាយដែរ តែរវល់នឹងការសិក្សាបន្តិច។

ពុក : រវល់នឹងការសិក្សាជារឿងល្អណាស់។ កូនត្រូវតែខិតខំរៀនណា!

កូន : ចាស ពុក! ចុះសព្វថ្ងៃ ពុករវល់នឹងការងារស្រេចម្តាដែរទេ?

ពុក : មិនសូវរវល់ទេ ព្រោះសម័យឥឡូវគេច្រើនប្រើគ្រឿងយន្ត។

កូន : កូនយល់ហើយ! ឥឡូវ កូនលាពុកទៅសាលាវិញហើយ។

ពុក : ទៅចុះកូន! ពេលទំនេរខ្សោះម៉កលេងពុកផង។

កូន : ចាស ពុក!

ខ. ការសួរសុខទុក្ខមិត្តភក្តិចាស់
情景 2　问候老朋友

ផុន ៖ សួស្តី ប្អូន! សុខសប្បាយទេ?

លក្ខី ៖ ជម្រាបសួរ បងផុន! ប្អូនសុខសប្បាយតើៗ ចុះបងវិញ?

ផុន ៖ បងក៏សុខដែរ តែរាល់ថ្ងៃរវល់រៀកមេរៀនច្រើនណាស់។

លក្ខី ៖ ម៉េចបឹង? បងជិតប្រឡងមាសហើយមែន?

ផុន ៖ ហ្នឹងហើយ ប្អូន! ដូច្នេះ៖ បងត្រូវតែខិតខំរៀនឡើងវិញ។

លក្ខី ៖ អ្នកសិក្សាបែបហ្នឹងហើយបង បើយើងមិនខំ យើងនឹងមិនចេះទេ។

ផុន ៖ ត្រូវហើយ ប្អូន! បើមិនចេះ ប្រឡងនឹងធ្លាក់។

លក្ខី ៖ ពិតណាស់បង! អ៊ីចឹង! ប្អូនសុំលាបងសិនហើយ។

គ. ការសួរសុខទុក្ខញាតិជិតខាង
情景 3　问候亲人

ក្កុយ ៖ ជម្រាបសួរ ពូ! ពូសុខសប្បាយទេ?

ពូ ៖ សួស្តី ក្កុយ! មានអី! ពូសុខសប្បាយតើៗ

ក្កុយ ៖ មួយរយ៖នេះពូរវល់ច្រើនទេ?

ពូ ៖ រវល់គួរសមដែរតើក្កុយ ព្រោះ

មេរៀនទី១ ការស្វរសុខទុក្ខ 第一课 问候

ត្រូវចុះធ្វើការតាមខេត្តខ្លះៗ។
កូយ ៖ អ៊ីចឹង! ពួរហើយដាហត់ណាស់ហើយ ។
ពូ ៖ ត្រូវហើយកូយ ប៉ុន្តែតាមខេត្តមានទេសភាពស្អាតណាស់។
កូយ ៖ អ៊ីចឹង! វាក៏អាចធ្វើឱ្យពួកគេចការនឿយហត់បានមួយគ្រាដែរ។
ពូ ៖ ពិតណាស់កូយ! ដូច្នេះ ពូតិចលាកូយទៅធ្វើការសិនហើយ។
កូយ ៖ ចាសពូ! សូមអញ្ជើញ។

២. ពាក្យថ្មី
二、生词

ជម្រាបសួរ	គុ.	您好
សុខសប្បាយ	គុ.	安好，健康，顺利
ចុះ...វិញ		那……呢？
ប៉ុន្តែ	គុ.វិ.	但是（表转折）
រវល់	កុ.	忙于做某事
	គុ.វិ.	忙碌地，繁忙地
ឥឡូវ	គុ.វិ.	现在，当下，目前
ការងារ	ន.	工作，任务，事务
ស្រែចម្ការ	គុ.	农务，农活
គ្រឿងយន្ត	ន.	机器，机械
សាលា	ន.	学校
ទំនេរ	កុ.	空闲的，有空儿的
ឧស្សាហ៍	កុ.	勤快的，勤奋的
លា	គុ.	离开，走开，再见
សិន	គុ.វិ.	先，一会儿，一下子

បង	ន.	哥哥，大哥
ប្រឡងឆមាស	ន.	期末考试
ថ្ងៃ	ន.	天，日子
ពូ	ន.	叔叔
ក្មួយ	ន.	侄子，侄女
ខេត្ត	ន.	省份
ទេសភាព	ន.	景色，风景
ស្អាត	គុ.	美丽的，漂亮的，干净的

៣.ឃ្លាថ្មីពាក់ព័ន្ធ
三、拓展句子

សុខភាពល្អទេ?
您身体好吗？

ខានជួបគ្នាយូរហើយ។
好久不见。

ខ្ញុំសូមផ្ញើសួរសុខទុក្ខគ្រួសាររបស់លោកផង។
请代我向您的家人问好。

សុខសប្បាយតាមផ្លូវ។
一路顺风。

ខ្ញុំរីករាយណាស់ដែលបានជួបលោក។
很高兴见到您。

សូមអរគុណលោកដែលបានថែរក្សាខ្ញុំហូត។
谢谢你一直以来的关照。

មេរៀនទី១ ការសួរសុខទុក្ខ 第一课 问候

៤. លំហាត់
四、练习

1. 替换练习。替换画线部分的单词并反复练习以下句型。

ខ្ញុំរវល់នឹង<u>ការងារស្រែចម្ការណាស់</u>។

我现在忙着干农活。

តើសពីថ្ងៃលក្បីសុខសប្បាយដែរឬទេ?

你今天好吗?

បើយើងមិនខំ គឺយើងនឹងមិនចេះទេ។

如果我们不努力学习,就会学无所成。

ខ្ញុំសូមផ្ដាំសួរសុខទុក្ខគ្រួសាររបស់លោកផង។

请代我向您的家人问好。

ខ្ញុំរីករាយណាស់ដែលបានជួបលោក។

很高兴见到您。

2. 模仿视频语音语调,反复跟读。并模仿视频内容,分组录制对话视频。

៥. ការបកប្រែ
五、参考译文

情景 1 问候父母

女儿:爸爸,您好!您最近还好吗?

爸爸:女儿,你好!我挺好的。你呢?

女儿:我也是,但是我最近在忙着学习。

爸爸:忙于学业是件好事。你得用功学习啊!

女儿:好的,爸爸!您现在还在忙着干农活吗?

爸爸：没有那么忙了。因为现在大多数人都用机器干农活了。

女儿：我知道了！那我先回学校了。

爸爸：去吧！你有空儿要常回家看看。

女儿：好的，爸爸！

情景 2　问候老朋友

彤：　　　莱斯美，你好！你过得怎么样？

莱斯美：彤，你好！我过得挺好的，你呢？

彤：　　　我也过得挺好的，只不过每天都在忙着复习呢。

莱斯美：是吗？快到期末考试了吗？

彤：　　　是呀！所以在努力地复习。

彤：　　　你这么做就对了，如果我们不努力就会学无所成。

莱斯美：是的！如果不好好儿学习，考试就会挂科了。

彤：　　　没错！那我先走了，再见。

情景 3　问候亲人

侄女：叔叔，您好！您最近过得怎么样？

叔叔：侄女，你好！我过得还不错。

侄女：这段时间叔叔您很忙吗？

叔叔：这段时间我挺忙的，因为要去好几个地方出差。

侄女：这样！那您应该挺累的。

叔叔：确实，但是那些省份有很多美丽的风景。

侄女：是呀！这样就能暂时忘记旅途中的疲倦了。

叔叔：确实是这样！我先去工作了，再见。

侄女：好的，叔叔再见！

ា៦. តើអ្នកដឹងទេ

六、你知道吗

在柬埔寨，双手合十礼是一种常见的礼仪。但是人们需要根据行礼对象的不同，把指尖举到不同的高度。比如当子女向父母、孙子孙女向祖父母、学生向教师行礼时，应该将合十的指尖举到眉部高度；当下级官员向上级官员行礼时，指尖应举到口部高度；当平民向王室成员或者僧侣行礼时，还需要跪下或蹲下以示敬意。

扫码收看视频

មេរៀនទី២ ការណែនាំខ្លួន
第二课　自我介绍

១. ការសន្ទនា
一、情景对话

ក. ការណែនាំអំពីការសិក្សា
情景1　介绍专业学习

ផុន： អរុណសួស្ដី លក្ខី! តើឯងទៅណា?

លក្ខី： អរុណសួស្ដី បងផុន! ខ្ញុំទៅការិយាល័យសិក្សាបន្តិចៗ។

ផុន： ឯងទៅទីនោះមានកិច្ចការអ្វី?

លក្ខី： ចាស! ខ្ញុំទៅសួរនាំអំពីព័ត៌មានការសិក្សាខ្លះៗ។

ផុន： និយាយអីចឹង! តើឯងរៀនមុខវិជ្ជាអ្វីដែរដែរ?

លក្ខី： សព្វថ្ងៃ ខ្ញុំរៀនមុខវិជ្ជាភាសាខ្មែរៗ។

ផុន： តើមុខវិជ្ជាភាសាខ្មែរសិក្សាលើផ្នែកណាខ្លះ?

លក្ខី： មានច្រើនបង ដូចជា អំណាន និយាយ និងសរសេរភាសាខ្មែរៗ។

មេរៀនទី២ ការណែនាំខ្លួន　第二课　自我介绍　9

ឆុន： បងយល់ហើយ! ប្អូនទៅចុះ! ថ្ងៃរនេះ គេបើកធ្វើការហើយ។
លក្ខី： ចាស បង! សូមជម្រាបលាបង។

២.ការណែនាំអំពីចំណង់ចំណូលចិត្ត
情景2　介绍个人爱好

លក្ខី： សាយណ្ហាសួស្ដី បង! តើបងទៅណា?
ឆុន： សាយណ្ហាសួស្ដី ប្អូន! ខ្ញុំទៅបណ្ណាល័យហ្នឹងណា។
លក្ខី： អូ! បងទៅអានសៀវភៅនៅទីនោះ មែនទេ?
ឆុន： ពិតមែនហើយប្អូន ព្រោះថ្ងៃនេះបងមានម៉ោងទំនេរ។
លក្ខី： បងឧស្សាហ៍ណាស់ មានម៉ោងទំនេរហើយ ប៉ុន្តែបងមិននៅទំនេរសោះ។
ឆុន： មកពីបងចូលចិត្តអានសៀវភៅហ្នឹងណា! បើអានច្រើនយើងនឹងចេះច្រើន។
លក្ខី： ពិតហើយបង! អ៊ីចឹង! ប្អូនអាចទៅជាមួយបងបានដែរទេ?
ឆុន： បានតើ! ប្រសើរណាស់ប្អូន។
លក្ខី： ចាស បង!

គ.ការណែនាំអំពីគ្រួសារ
情景 3　介绍自己的家庭

លក្ខី ： ជម្រាបសួរ បង! ម៉េចបង
　　　 ទិញផ្លែឈើច្រើនម្ល៉េះ?

ឫន ： សួស្ដី ប្អូន! បងទិញផ្លែ
　　　 ឈើច្រើនដើម្បីញ៉ាំជុំ
　　　 គ្រួសារម្ដង។

លក្ខី ： តើគ្រួសាររបស់បងមាន
　　　 សមាជិកប៉ុន្មាននាក់?

ឫន ： គ្រួសារបងមានសមាជិក៦នាក់ មានយាយ តា ពុក ម៉ែ បង និងប្អូនស្រី។

លក្ខី ： ចាស! ចំណែកគ្រួសារខ្ញុំមានសមាជិកតែបីនាក់ទេ មានប៉ា ម៉ាក់ និងខ្ញុំ។

ឫន ： តើប៉ាម៉ាក់ប្អូនសព្វថ្ងៃគាត់ប្រកបកិច្ចការអ្វី?

លក្ខី ： ប៉ាខ្ញុំជាពាណិជ្ជករ ឯម៉ាក់ខ្ញុំជាគ្រូបង្រៀន។ ចុះឪពុកម្ដាយបង?

ឫន ： ឪពុកបងជាកសិករ ម្ដាយបងជាគ្រូពេទ្យ ពួកគាត់ខិតខំណាស់។

លក្ខី ： ហ្នឹងហើយបង! ដើម្បីអនាគតកូនៗពួកគាត់មិនខ្ចាចនើយហត់ទេ។

ឫន ： បាទ ប្អូន! អីចឹង! បងលាប្អូនសិនហើយណា។

២.ពាក្យថ្មី
二、生词

អរុណសួស្ដី	កិ.	早上好，早安
ការិយាល័យសិក្សា	ន.	自习室
សួរនាំ	កិ.	查询，查阅
ព័ត៌មាន	ន.	信息，资讯，新闻

មុខវិជ្ជា	ន.	专业，主科，主修专业
អំណាន	ន.	阅读
និយាយ	កិ.	说，说话，对话
សរសេរ	កិ.	写，书写，写作
សាយណ្ហសួស្តី	កិ.	午安，下午好
បណ្ណាល័យ	ន.	图书馆
សៀវភៅ	ន.	书本，书籍
ឧស្សាហ៍	គុ.	勤奋，努力
មិន......សោះទេ	កិ.វិ.	根本不……
មកពី	កិ	因为
ទិញ	កិ.	买，购买
ផ្លែឈើ	ន.	水果
គ្រួសារ	ន.	家庭
យាយ	ន.	奶奶
តា	ន.	爷爷
ពុក	ន.	爸爸
ម៉ែ	ន.	妈妈
បង	ន.	哥哥
អូនស្រី	ន.	妹妹
ប៉ា	ន.	爸爸（口语）
ម៉ាក់	ន.	妈妈（口语）
សមាជិក	ន.	成员

៣. ពាក្យថ្មីពាក់ព័ន្ធ
三、拓展词汇

ឡាវ	老挝
ម៉ាឡេស៊ី	马来西亚
ភូមា	缅甸
ជប៉ុន	日本
ថៃ	泰国
សិង្ហបុរី	新加坡
វៀតណាម	越南
អង់គ្លេស	英国
សហរដ្ឋអាមេរិក	美国
បារាំង	法国
អាឡឺម៉ង់	德国

៤. លំហាត់
四、练习

1. 替换练习。替换画线部分的单词并反复练习以下句型。

ខ្ញុំទៅការិយាល័យសិក្សាដើម្បី<u>សិក្សាបន្តិច</u>។

我去自习室学习。

ខ្ញុំរៀនមុខវិជ្ជា<u>ភាសាខ្មែរ</u>។

我主修柬埔寨语专业。

មុខវិជ្ជាភាសាខ្មែរហ្នឹង មានមុខវិជ្ជា <u>អំណានភាសាខ្មែរ និយាយភាសាខ្មែរ និងសរសេរភាសាខ្មែរ</u> ជាដើម។

柬埔寨语专业,有柬埔寨语阅读课、柬埔寨语口语课和柬埔寨语写作课。

មេរៀនទី២ ការណែនាំខ្លួន 第二课 自我介绍

គ្រួសារបងមានសមាជិកប្រាំមួយនាក់ គឺយាយ តា ពុក ម៉ែ បងនិងប្អូនស្រី។

我家里有六口人，奶奶、爷爷、爸爸、妈妈、我和妹妹。

ឪពុកខ្ញុំជាកសិករ ម្ដាយខ្ញុំជាគ្រូពេទ្យ។

我的爸爸是农民，我的妈妈是医生。

2. 模仿视频语音语调，反复跟读。并模仿视频内容，分组录制对话视频。

៥．ការបកប្រែ
五、参考译文

情景1 介绍专业学习

彤：　　早上好，莱斯美！你去哪里？
莱斯美：早上好，彤！我去自习室。
彤：　　你去自习室做什么？
莱斯美：我去查一些学习资料。
彤：　　这么说起来，你现在学的是什么专业呢？
莱斯美：我现在主修柬埔寨语专业。
彤：　　柬埔寨语专业有哪些课程呢？
莱斯美：有很多课程，比如有柬埔寨语阅读、柬埔寨语口语和柬埔寨语写作。
彤：　　我知道了。自习室现在已经开门了，你快去吧。
莱斯美：好的，再见！

情景2 介绍个人爱好

莱斯美：下午好，彤！你去哪儿？
彤：　　下午好，莱斯美！我去图书馆。

莱斯美：哦！你是去那里看书吗？

彤：　　是啊，因为今天有空儿。

莱斯美：你可真用功！空闲时间也没闲着。

彤：　　因为我喜欢读书。读得越多，懂得也越多。

彤：　　确实如此。我可以和你一起吗？

莱斯美：当然可以，太棒了。

彤：　　好的！

情景3　介绍自己的家庭

莱斯美：你好！你怎么买这么多水果？

彤：　　你好！这是为家人聚会准备的水果。

莱斯美：你家里有几口人？

彤：　　我家有六口人，奶奶、爷爷、爸爸、妈妈、我和妹妹。你呢？

莱斯美：我家只有三口人，爸爸、妈妈和我。

彤：　　你父母是做什么工作的？

莱斯美：我爸爸是商人，妈妈是教师。你父母是做什么工作的？

彤：　　我爸爸是农民，妈妈是医生，他们很辛苦。

莱斯美：的确如此！为了孩子的未来，他们不辞辛苦。

彤：　　是的，那我先走了。

៦．តើអ្នកដឹងទេ
六、你知道吗

　　中柬两国有着悠久的传统友谊。1958年7月19日两国正式建交。长期以来，中国几代领导人与西哈努克太皇建立了深厚的友谊，为两国关系的长期稳定发展奠定了坚实的基础。1955年4月，周恩来总理与柬时任政府首脑的西哈努克亲王，在万隆亚非会议上结识。20 世纪 50 年代至 60 年代，周恩来总理、刘少奇主席曾多次率团访柬。西哈努克亲王曾 6 次访华。20 世纪 70 年代至 80 年代，西哈努克亲王两次在华长期逗留，领导柬埔寨人民反抗外来侵略、维护国家独立和主权的斗争，得到中国政府和人民的大力支持。2010 年 12 月，两国建立全面战略合作伙伴关系，双边关系进入新的发展阶段。

扫码收看视频

មេរៀនទី៣ ក្នុងថ្នាក់រៀន
第三课　校园生活之教室篇

១. ការសន្ទនា

一、情景对话

ក. មុនចូលរៀន

情景1　上课前

លក្ខី ៖ អរុណសួស្ដី សិស្សច្បង! ញាំុអាហារពេលព្រឹកនៅ?

ចុន ៖ អរុណសួស្ដី សិស្សប្អូន! ខ្ញុំបានញាំុហើយ។ ចុះប្អូន?

លក្ខី ៖ ប្អូនទើបតែញាំុហើយ។ តើបងរៀននៅអគារណា?

ចុន ៖ បងរៀននៅអគារសិក្សាអប់រំអន្តរជាតិ។ ចុះប្អូនឯង?

លក្ខី ៖ ខ្ញុំក៏រៀននៅអគារហ្នឹងដែរ។ បងគ្រៀមកិច្ចការផ្ទះនៅ?

ចុន ៖ បងធ្វើរាយប់មិញ្ញចរាល់ហើយ។ ចុះប្អូនយ៉ាងម៉េចដែរ?

លក្ខី ៖ ខ្ញុំក៏រួចរាល់ដែរបង ព្រោះរៀងរាល់យប់ប្អូនតែងរៀនជានិច្ច។

ចុន ៖ អស្ចារ្យណាស់ ប្អូន ដែលយកចិត្តទុកដាក់ខិតខំរៀនបែបនេះ។

លក្ខី ៖ អរគុណបង! គោះបង! យើងទៅ! ដល់ម៉ោងចូលរៀនហើយ។

មេរៀនទី៣ ក្នុងថ្នាក់រៀន   第三课   校园生活之教室篇   17

ខ. ពេលចូលរៀន
情景 2   课堂上

លោកគ្រូ ៖ អរុណសួស្ដី លក្ខី! ឯងធ្វើកិច្ចការផ្ទះនៅ?

លក្ខី ៖ អរុណសួស្ដី លោកគ្រូ! ខ្ញុំបានធ្វើរួចហើយ។

លោកគ្រូ ៖ ល្អណាស់! ថ្ងៃមុនយើងរៀនដល់មេរៀនណា?

លក្ខី ៖ ថ្ងៃមុន យើងរៀនដល់មេរៀនទី២ "ការណែនាំខ្លួន"។

លោកគ្រូ ៖ ឯងពិតជាខំរៀនសូត្រមែន។ ចុះថ្ងៃនេះ យើងរៀនមេរៀនអ្វី?

លក្ខី ៖ ថ្ងៃនេះ យើងចូលមេរៀនថ្មី គឺមេរៀនទី៣ "ក្នុងថ្នាក់រៀន"។

លោកគ្រូ ៖ តើឯងបានអានត្រៀមមេរៀននេះចប់ហើយឬនៅ?

លក្ខី ៖ ខ្ញុំបានអានរួចហើយលោកគ្រូ តែពាក្យខ្លះខ្ញុំមិនសូវយល់ទេ។

លោកគ្រូ ៖ មិនអីទេឯង! អ៊ីចឹង! គោះយើងចាប់ផ្ដើមរៀនមេរៀនថ្មីតែម្ដង។

គ. ពេលចេញពីរៀន
情景 3   下课后

ថុន ៖ សួស្ដី លក្ខី! ចេញពីរៀនហើយឬ?

លក្ខី ៖ សួស្ដី បង! ខ្ញុំចេញពីរៀនហើយ។

ថុន ៖ យ៉ាងម៉េចដែរ? ថ្ងៃនេះរៀនយល់ទេ?

លក្ខី ៖ មានអី បង! យល់ច្រើននិងសប្បាយចិត្តណាស់។

ធុន ៖ ហ្នឹងហើយ ប្អូន! ពេលយើងរៀនចេះ គឺសប្បាយហើយ។
លក្ស្មី ៖ ចុះបង ថ្ងៃនេះគ្រូមានដាក់កិច្ចការផ្ទះឱ្យទេ?
ធុន ៖ ដាក់តើមួន ហើយនឹងត្រូវជូនគ្រូនៅសប្ដាហ៍ក្រោយនេះ។
លក្ស្មី ៖ ដូចគ្នា បង! ខ្ញុំក៏ប្រគល់ជូនគ្រូនៅសប្ដាហ៍ក្រោយនេះដែរ។
ធុន ៖ អីចឹង! ស្អែក យើងទៅបណ្ណាល័យសរសេរកិច្ចការជាមួយគ្នាណា។
លក្ស្មី ៖ ល្អណាស់ បង! តោះបង! ឥឡូវយើងទៅញ៉ាំបាយសិន។
ធុន ៖ បាទ ប្អូន! តោះ! បងក៏ឃ្លានណាស់ដែរ។

២. ពាក្យថ្មី
二、生词

អរុណសួស្តី	កិ.	早上好
អាហារពេលព្រឹក	ន.	早餐
អគារ	ន.	建筑，大楼
ត្រៀម	កិ.	准备，预备
កិច្ចការផ្ទះ	ន.	作业，家庭作业
រួច	កិ.វិ.	完成，做完的
យប់	គុ.	晚上
អន្តរជាតិ	គុ.	国际的
ចេញពីរៀន	កិ.	下课
ដាក់	កិ.	布置（作业）
ប្រគល់ជូន	កិ.	交（作业）

ក. ពាក្យថ្មីពាក់ព័ន្ធ
三、拓展词汇

ក្ដារខៀន	黑板	តុសរសេរ	书桌
កៅអី	椅子	ទូសៀវភៅ	书架
កុំព្យូទ័រ	电脑	ជ័រលុប	橡皮
ខ្មៅដៃ	铅笔	ដីស	粉笔
ប៊ិក	圆珠笔	កន្ត្រៃ	剪刀
ប្រឡង	考试	វិញ្ញាសា	试卷
សាលាមត្តេយ្យ	幼儿园	បឋមសិក្សា	小学
អនុវិទ្យាល័យ	初中	វិទ្យាល័យ	高中
សាកលវិទ្យាល័យ	大学（综合性）	មហាវិទ្យាល័យ	大学（专业性）
វិទ្យាស្ថាន	学院		

៤. លំហាត់
四、练习

1. 替换练习。替换画线部分的单词并反复练习以下句型。

សព្វថ្ងៃហ្នឹង ខ្ញុំរៀននៅ<u>សាកលវិទ្យាល័យ</u>។

目前我在读大学。

ឯងត្រៀម<u>កិច្ចការផ្ទះ</u>រួចរាល់ហើយឬនៅ?

你的作业完成了吗？

ថ្ងៃនេះលោកគ្រូបាន<u>ដាក់កិច្ចការផ្ទះច្រើនឲ្យយើង</u> ហើយយើងនឹងត្រូវជូនគ្រូនៅសប្តាហ៍ក្រោយនេះ។

今天老师给我们布置了很多作业，并且要求下星期交。

ពួកយើងនឹងទៅធ្វើកិច្ចការផ្ទះឯបណ្ណាល័យនៅល្ងាចថ្ងៃស្អែកនេះ។

我们明天下午一块儿去图书馆写作业吧。

2. 模仿视频语音语调，反复跟读。并模仿视频内容，分组录制对话视频。

៥．ការបកប្រែ
五、参考译文

情景 1　上课前

莱斯美：早上好，学长！你吃早餐了吗？

彤：　　早上好，学妹！我吃了。你呢？

莱斯美：我也吃了。你在哪栋楼上课？

莱斯美：我在国教楼上课，你呢？

彤：　　我也在那栋楼上课。你写完作业了吗？

莱斯美：我昨晚已经写完了。你呢？

彤：　　我也写完了，我每晚都会认真写作业。

莱斯美：你这么刻苦努力真是太厉害了。

彤：　　谢谢！走吧！我们一起去上课吧。

情景 2　课堂上

老师：　　早上好，莱斯美！作业写完了吗？

莱斯美：　老师，早上好！我都写完了。

老师：　　很好！上次我们学到哪一课了？

莱斯美：　上次我们学到了第二课《自我介绍》。

老师：	你真是努力学习的好学生。那今天我们要学哪一课呢？
莱斯美：	今天我们应该学习新课《在课堂上》。
老师：	你已经提前预习过课文了吗？
莱斯美：	老师，我已经读完课文了，但有一些单词不明白。
老师：	没关系！我们现在开始学习。

情景3　下课后

彤：	你好，莱斯美！你下课了吗？
莱斯美：	你好，彤！我下课了。
彤：	今天怎么样？学习顺利吗？
莱斯美：	当然！学了很多，很开心。
彤：	这就对了！当我们学会了就会很快乐。
莱斯美：	那今天老师给你布置作业了吗？
彤：	布置了。老师要求作业下星期交。
莱斯美：	和你一样，我也是下星期交。
彤：	哦，这样。那我们明天可以一起去图书馆写作业。
莱斯美：	太好了！那我们现在先去吃饭吧。
彤：	行，走吧！我也饿了。

៦. តើអ្នកដឹងទេ
六、你知道吗

　　柬埔寨最早的高等院校是法国殖民当局在1949年创办的"法律与经济学院"，旨在培养柬埔寨行政、法律、经济方面的人才。该学院后来更名为"柬埔寨法律政治经济学院"。到了20世纪60年代，柬埔寨高等教育得到快速发展，一系列知名高校相继创办，比如"金边皇家大学""皇家艺术大学""皇家农业大学"

等。目前金边皇家大学是柬埔寨全国唯一的综合性公立大学，也是柬埔寨国内第一个开办硕士班的大学。金边皇家大学还经常通过派遣教授到国外助教或接受外国留学生到柬埔寨学习研究等方式，与多所国际知名大学保持联系与合作。

មេរៀនទី៤ ក្នុងអន្តេវាសិកដ្ឋាន
第四课　校园生活之宿舍篇

扫码收看视频

១. ការសន្ទនា
一、情景对话

ក. ការធ្វើម្ហូប
情景 1　做饭

ផុន ៖ សួស្តី ឆួន! ល្ងាចនេះធ្វើម្ហូបអ្វីញ៉ាំ?

លក្ស្មី ៖ សួស្តីបង! ល្ងាចនេះខ្ញុំធ្វើម្ហូប នាគ្រឿងសាច់គោ។

ផុន ៖ គ្រាន់តែស្តាប់ឈ្មោះ បងក៏គិតថា ឆ្ងាញ់ដែរ។

លក្ស្មី ៖ អ៊ីចឹង! ល្ងាចនេះបងអាចមកញ៉ាំជុំគ្នានឹងខ្ញុំបាន។

ផុន ៖ អរគុណអូន! ចុះមានអ្វីឱ្យបងជួយខ្លះដែរឬទេ?

លក្ស្មី ៖ សូមបងជួយទិញគល់ស្លឹកគ្រៃ ស្លឹកក្រូចសើច និងសណ្តែកដីឯង។

ផុន ៖ មិនអីទេ! ចាំបងទៅផ្សារទិញឱ្យណា។

លក្ស្មី ៖ អរគុណបង! អ៊ីចឹង! សូមបងអញ្ជើញទៅផ្សារសិនចុះ។

ផុន ៖ បាទអូន! ចាំបងបន្តិច! បងទៅផ្សារតែមួយភ្លែតទេ។

ខ. ការសម្អាត
情景 2　打扫卫生

លក្ខី៖ អរុណសួស្តីបង! កំពុងធ្វើអ្វី?

ចុន៖ អរុណសួស្តីប្អូន! បងកំពុងសម្អាតបន្ទប់ហ្នឹងណា។

លក្ខី៖ ពេលសម្អាតបន្ទប់ហើយ បងគិតទៅណាដែរ?

ចុន៖ មិនទៅណាទេ! បងចង់ដាំផ្កាលម្អបរិស្ថានបន្តិច។

លក្ខី៖ ល្អណាស់បង! តើបងគិតថា ចង់ដាំផ្កាអ្វីដែរ?

ចុន៖ បងចង់ដាំផ្កាម៉ាំង ផ្កាម្លិះ និងផ្កាឈូករត្ន។

លក្ខី៖ បងបានសម្អាតដីរួចរាល់ហើយឬនៅ?

ចុន៖ បន្តិចទៀតបងនឹងសម្អាតដី ហើយនឹងដាំផ្កាតែម្តង។

លក្ខី៖ ខ្ញុំក៏ស្រឡាញ់ផ្កាដែរ។ ដូច្នេះ ខ្ញុំសូមជួយដាំផ្កាបងដែរ។

ចុន៖ បងរីករាយណាស់ដែលប្អូនឆ្លៀតពេលជួយបងបែបនេះ។

លក្ខី៖ មិនអីទេបង! គោះ ចាប់ផ្តើមធ្វើទៅ បងទាន់មេយត្រជាក់។

គ. ការដើរលេងកម្សាន្ត
情景 3　课后娱乐

ចុន៖ សួស្តី លក្ខី! ទៅណាដែរ?

លក្ខី៖ សួស្តី បងចុន! ខ្ញុំមករកបងហ្នឹងណា។

ចុន៖ ប្អូនមានការអ្វីដែរ?

លក្ខី៖ ខ្ញុំចង់បបួលបងដើរលេងខ្លះ ព្រោះថ្ងៃនេះជាថ្ងៃអាទិត្យ។

មេរៀនទី៤ ក្នុងអន្ទេវាសិកដ្ឋាន   第四课 校园生活之宿舍篇   25

ថុន ៖ ពិតមែនហើយបងភ្លេចឲ្យ
ឈឹង។ ចុះប្អូនចង់ទៅណា?

លក្ស្មី ៖ ប្អូនចង់ទៅមើលកុន។ តើ
បងចង់ទៅដែរទេ?

ថុន ៖ ចង់តើ! ព្រោះបងខានមើល
កុនយូរហើយ។

លក្ស្មី ៖ អ៊ីចឹង! ពិតជាល្អណាស់បង។

ថុន ៖ តើយើងទៅមើលនៅម៉ោង
ប៉ុន្មានដែរ?

លក្ស្មី ៖ យើងទៅនៅម៉ោង៦:០០នាទីណាចា។

ថុន ៖ ល្អតើប្អូន! កម្សាន្តខ្លះៗក៏ល្អសម្រាប់ខួរក្បាលដែរ។

លក្ស្មី ៖ ចាសបង! អ៊ីចឹង! ឡានេះ បងកុំភ្លេចណា។

ថុន ៖ បានប្អូន! ឡាចយើងដួបគ្នា។

២.ពាក្យថ្មី
二、生词

នាត្រៀងសាច់គោ	កិ.	炒牛肉
ភ្លាម	កិ.វិ.	立刻，马上
ឆ្ងាញ់	គុ.	好吃的，美味的
គល់ស្លឹកគ្រៃ	ន.	香茅根
ស្លឹកក្រូចសើច	ន.	苦橙叶
សណ្តែកដី	ន.	花生
សម្អាត	កិ.	清扫，清洁
បន្ទប់	ន.	房间

ដាំ	ក.	种植
ផ្កាម៉ោង	ន.	马齿苋花
ផ្កាម្លិះ	ន.	茉莉花
ផ្កាឈូករតន្ទ	ន.	太阳花
មើល	ក.	看
កុន	ន.	电影

៣. ពាក្យថ្មីពាក់ព័ន្ធ
三、拓展词汇

ជញ្ជាំង	墙	បង្អួច	窗户
ទ្វារ	门	ច្រកដើរ	走廊
ជណ្ដើរ	楼梯	បន្ទប់គេង	卧室
បន្ទប់ទឹក	厕所	បន្ទប់ងូតទឹក	浴室
បន្ទប់ទទួលភ្ញៀវ	客厅		

៤. លំហាត់
四、练习

1. 替换练习。替换画线部分的单词并反复练习以下句型。
   ខ្ញុំកំពុងសម្អាតបន្ទប់ហ្នឹងណា!
   我正在打扫房间呢。
   ខ្ញុំចង់បបួលបងទៅ<u>មើលកុន</u>។
   我想请你去看电影。

មេរៀនទី៤ ក្នុងអន្តេវាសិកដ្ឋាន　第四课　校园生活之宿舍篇

យើងទៅមើលកុននៅម៉ោង៦:០០នាទីល្ងាចៗ

我们下午 6 点钟去看电影。

តើគ្រឿងផ្សំទាំងនោះមានអ្វីខ្លះទៅ？

还缺哪些调料呢？

2. 模仿视频语音语调，反复跟读。并模仿视频内容，分组录制对话视频。

៥．ការបកប្រែ
五、参考译文

情景 1　做饭

彤：　　你好！今天晚上你做什么菜？
莱斯美：你好！今晚我做炒牛肉。
彤：　　听起来就很好吃。
莱斯美：这样，今晚你过来一块儿吃饭吧。
彤：　　好的，谢谢。还需要我帮什么忙吗？
莱斯美：请你帮我买些香茅根、苦橙叶和花生吧。
彤：　　没问题！我这就去市场买。
莱斯美：谢谢！那你先去市场吧。
彤：　　好的，稍等，我一会儿就回来。

情景 2　打扫卫生

莱斯美：早上好！你在做什么呢？
彤：　　早上好！我在打扫房间。
莱斯美：打扫完房间，你打算去哪儿？

彤： 我哪儿也不去，我想种种花。

莱斯美：太棒了！你想种些什么花呢？

彤： 我想种马齿苋花、茉莉花、太阳花。

莱斯美：那你打扫好了吗？

彤： 等我打扫完，然后就可以种花了。

莱斯美：我也很喜欢花，我来帮你种花吧。

彤： 你能抽出时间帮忙，我太高兴了。

莱斯美：没事儿，走吧，趁现在还凉快，可以开始种花了。

情景 3　课后娱乐

彤： 你好，莱斯美。你去哪儿？

莱斯美：你好！我来找你。

彤： 你找我有什么事儿吗？

莱斯美：今天是星期天，我想约你出去玩儿。

彤： 我都忘了今天是星期天了，那你想去哪儿呢？

莱斯美：我想去看电影，你想去吗？

彤： 我也想！我很久没看电影了。

莱斯美：那这样真是太好了。

彤： 我们几点钟去？

莱斯美：下午 6 点吧。

彤： 好的！适当的娱乐对大脑有好处。

莱斯美：没错，那明晚别忘了哦。

彤： 好的！明晚见。

៦. តើអ្នកដឹងទេ
六、你知道吗

　　柬埔寨的传统民居是高脚屋，结构简单，功能实用。高脚屋一般用木材或竹子建造，分为上、下两层，不仅能够防潮和避免洪水灾害，还能防范森林里毒蛇猛兽的侵袭。高脚屋的下层用于放置农用工具、晾晒农作物、饲养家畜，或作为厕所；上层房屋使用木板或竹板作为外墙，用棕榈叶编制成内墙板。内墙板将高脚屋的上层分成几个房间，比如客厅、卧室。有的高脚屋还建有阳台，或者在高脚屋外建有简易凉棚。

扫码收看视频

មេរៀនទី៥ ក្នុងអាហារដ្ឋាន
第五课　校园生活之食堂篇

១. ការសន្ទនា
一、情景对话

ក. ការហៅមូប
情景1　点餐

អ្នកបម្រើ៖	ជម្រាបសួរ បង! បងប្រុសត្រូវការអ្វីដែរ?
ថុន៖	សួស្តី អូន! បងត្រូវការតេមួយសម្រាប់គ្នាពីរនាក់។
អ្នកបម្រើ៖	មានគឺបង! នៅជិតបង្អួចខាងស្តាំដែរ។
ថុន៖	ល្អណាស់! ពួកបងនឹងទៅអង្គុយនៅទីនោះ។
អ្នកបម្រើ៖	តើបងត្រូវការពិសាភេសជ្ជៈអ្វី?
ថុន៖	យកទឹកបរិសុទ្ធពីរដបមកបានហើយ។
អ្នកបម្រើ៖	ចុះម្ហូបវិញ! តើបងចង់កម្ម៉ង់អ្វីដែរ?
ថុន៖	យកសម្លម្ជូរសាច់ត្រីនិងស្ងោរជ្រក់បន្លែមក។
អ្នកបម្រើ៖	ចុះរសជាតិវិញ បងត្រូវការប្រៃឬសាប?
ថុន៖	សាបល្មមបានហើយ។

អ្នកបម្រើ : ចាស! សូមរង់ចាំបន្តិចណា។
ផុន : បាទ មិនអីទេ!

ខ. ការខ្ចប់អាហារ
情景2　打包饭菜

អ្នកបម្រើ : សួស្តី បង! បងត្រូវការពិសាអ្វីដែរ?
ផុន : សួស្តី ប្អូន! បងយកម្ហូបគ្រឿង
សាច់គោមួយមុខ។
អ្នកបម្រើ : សុំទោស បង! ថ្ងៃនេះ គ្មានម្ហូវ
គ្រឿងសាច់គោទេ។
ផុន : មិនអីទេ! ចុះមានម្ហូបអ្វីខ្លះ?
អ្នកបម្រើ : មានសម្លកករ ការីសាច់មាន់
និងឡុកឡាក់សាច់គោ។
ផុន : អូចឹង! បងយកការីសាច់មាន់
មួយមុខមក។
អ្នកបម្រើ : បងញ៉ាំនៅទីនេះមែនទេ?
ផុន : អត់ទេ! បងខ្ចប់យកទៅញ៉ាំនៅឯផ្ទះ។
អ្នកបម្រើ : ចាស បង! សូមរង់ចាំបន្តិចណា។

គ. ការគិតលុយ
情景3　付钱

ផុន : សួស្តី ប្អូន!
អ្នកបម្រើ : ចាស បង! មានអ្វីខ្ញុំជួយទេ?
ផុន : សូមប្អូនជួយគិតលុយថ្លៃអាហារបន្តិច។

អ្នកបម្រើ ៖ ចាស បង! បងពិសាអ្វីខ្លះដែរ?

ផុន ៖ បងញាំុំបាយសនិងសម្មួរគ្រឿងគ្រឿងឆ្នាំង។

អ្នកបម្រើ ៖ បងអស់៨៥០០រៀល។

ផុន ៖ សូមបួនដាក់កាហ្វេឱ្យបងមួយកែវទៀតផង។

អ្នកបម្រើ ៖ បងយកកាហ្វេទឹកកកឬកាហ្វេទឹកដោះគោទឹកកក?

ផុន ៖ យកកាហ្វេទឹកកក ប៉ុន្តែមិនដាក់ស្ករទេ។

អ្នកបម្រើ ៖ ចាស បង! អុីចឹង! គិតលុយសរុបទាំងអស់គឺ១០៥០០រៀល។

ផុន ៖ បាទ ប្អូន!

២. ពាក្យថ្មី

二、生词

អាហារដ្ឋាន	ន.	食堂
ហៅមួប	កិ.	点餐
តុ	ន.	桌子
បង្អួច	ន.	窗户
ស្តាំដៃ	ន.	右手
គេសជ្ជៈ	ន.	饮料
ទឹកបរិសុទ្ធ	ន.	矿泉水
ដប	សំ.ន.	瓶
រសជាតិ	ន.	味道，口味

ប្រៃ	គុ.	重的，咸的（口味）
សាប	គុ.	清淡的（口味）
បង្កង	ន.	大虾
ខ្ចប់	កិ.	打包
ម្ជូរគ្រឿងសាច់គោ	ន.	牛肉酸汤
ការី	ន.	咖喱
ស្ងោរ	កិ.	熬，炖
គិតលុយ	កិ.	结账，付钱
កាហ្វេ	ន.	咖啡
កែវ	សំ.នុ.	杯
ទឹកកក	ន.	冰块儿
ទឹកដោះគោ	ន.	牛奶
ស្ករ	ន.	糖

៣. ពាក្យថ្មីពាក់ព័ន្ធ
三、拓展词汇

បាយ	饭	បបរ	稀饭，粥
មី	面	នំប៉័ង	面包
នំគារ	饺子	សាច់ជ្រូក	猪肉
សាច់គោ	牛肉	សាច់មាន់	鸡肉
សាច់ទា	鸭肉	សាច់ត្រី	鱼肉
សាច់ប្រៀត	腌肉	សាច់ក្រក	香肠

អាំង　　　　烤　　　ចៀន　　　炸
ឆា　　　　　炒

៤. លំហាត់
四、练习

1. 替换练习。替换画线部分的单词并反复练习以下句型。

ខ្ញុំបានញ៉ាំបាយនិងសម្ងូរគ្រឿងគ្រឿងឆ្លាំង។

我吃了米饭和鱼肉酸汤。

បងមិនចេះញ៉ាំប្រៃទេ។

我的口味不重。

ខ្ញុំខ្ចប់យកទៅញ៉ាំនៅផ្ទះ។

我打包回家吃。

សូមជួយគិតលុយថ្លៃអាហារបន្តិច។

请你帮我结一下账。

មិនចាំបាច់ដាក់ស្ករទេ។

不用加糖。

2. 模仿视频语音语调，反复跟读。并模仿视频内容，分组录制对话视频。

៥. ការបកប្រែ
五、参考译文

情景 1　点餐

服务员：您好，先生！请问您需要点儿什么？
彤：　　你好，小姐！我要一个双人桌的餐位。

服务员：好的，有位的。在右手边靠窗的位置。
彤：　太好了！我就去那儿坐吧。
服务员：您需要喝点儿什么饮料吗？
彤：　来两瓶矿泉水吧。
服务员：那您点些什么菜呢？
彤：　要一份什锦鱼汤和一份炖酸汤虾。
服务员：您的口味是要重一点儿还是清淡一点儿？
彤：　清淡一点儿就好了。
服务员：好的，请稍等。
彤：　好的。

情景2　打包饭菜

服务员：您好！您想吃点儿什么？
彤：　你好！我要一份牛肉酸汤。
服务员：抱歉，今天没有牛肉酸汤了。
彤：　没关系。还有什么其他的菜吗？
服务员：有什锦汤、咖喱鸡肉和炒牛肉。
彤：　这样！那我要一份咖喱鸡肉。
服务员：您是在这儿吃吗？
彤：　不是，我打包回家吃。
服务员：好的，请稍等一会儿。

情景3　付钱

彤：　你好！
服务员：您好！有什么可以帮您的？

彤：　　请你帮我结一下账。

服务员：好的。您吃了些什么？

彤：　　我吃了米饭和鱼肉酸汤。

服务员：一共消费了 8500 瑞尔。

彤：　　请再帮我打包一杯咖啡。

服务员：要冰咖啡还是冰奶咖？

彤：　　要冰咖啡，不加糖。

服务员：好的。那这样一共是 10500 瑞尔。

彤：　　好的！

๖.តើអ្នកដឹងទេ
六、你知道吗

　　柬埔寨菜的口味接近泰国菜，但是酸辣味不重，整体口味偏甜。早餐可以吃一碗清爽的米线。柬埔寨米线是柬埔寨最受欢迎的早餐之一，因为加入了特别的鱼露、柠檬汁等配料，汤汁味道异常鲜美。如果想尝试东南亚辛辣风味的菜式，不妨试试高棉式的咖喱，所有汤内几乎都会加上高棉咖喱。这种咖喱非常辛辣，常会辣得人眼泪鼻涕直流。酸汤鱼是当地人家里的一道很常见的菜肴，选用当地土生土长的鱼，在煮的时候加上一些柠檬草、大蒜等配料，以及豆芽等素菜，再加上作料，就做成了酸辣可口的酸汤鱼。除此之外，牛肉、猪肉、鸡肉、鱼肉都可以做酸汤的主料，再放进各种素菜，诸如空心菜、莲茎、冬瓜、酸菜、柠檬叶等，柠檬汁、鱼露、醋、辣椒也是必不可少的。虽然酸汤味道较重，但炎热的天气下，喝口酸酸的汤水，对解暑有很大益处。

មេរៀនទី៦ អាកាសធាតុ
第六课 天气

扫码收看视频

១.ការសន្ទនា
一、情景对话

ក.រដូវទាំងពីរនៅកម្ពុជា
情景1 柬埔寨的两季

ឯុន： សួស្តី ប្អូន! ថ្ងៃនេះខ្ញុំសូមសួរបន្តិចៗ។

លក្ស្មី： សួស្តី បង! មានអី! បងចង់សួរអ្វីក៏សួរមកចុះ។

ឯុន： តើប្រទេសកម្ពុជាមានរដូវធំៗប៉ុន្មានដែរប្អូន?

លក្ស្មី： មានតែពីរទេបង គឺរដូវប្រាំងនិងរដូវវស្សា។

ឯុន： ចុះរដូវនីមួយៗមានរយៈពេលប៉ុន្មានខែ?

លក្ស្មី： រដូវនីមួយៗមានរយៈពេលប្រាំមួយខែស្មើគ្នា។

ឯុន： តើប្រជាជនប្រកបរបរអ្វីខ្លះចំពោះរដូវទាំងពីរនេះ?

លក្ស្មី： រដូវវស្សាគេធ្វើស្រែចម្ការ ឯរដូវប្រាំងគេធ្វើសិប្បកម្មផ្សេងៗ។

ឯុន： បងយល់ហើយប្អូន។ សូមអរគុណប្អូនច្រើនណាស់!

លក្ស្មី： ចាស! មិនអីទេបង។

ខ. អាកាសធាតុនៅភ្នំពេញ
情景 2　金边市的天气

លក្ខី： សួស្ដី បង! តើបងទៅណាហ្នឹង?

ផុន： សួស្ដី ប្អូន! ខ្ញុំទៅផ្សារធំថ្មីបន្តិច។

លក្ខី： ប៉ុន្តែឥឡូវនេះ មេឃជិតភ្លៀងហើយ។

ផុន： មែនហើយប្អូន។ អូចឹង! ចាំរសៀល ទៅក៏បាន។

លក្ខី： ហ្នឹងហើយបង ព្រោះរដូវវស្សាមាន ភ្លៀងធ្លាក់ច្រើនណាស់។

ផុន： ចុះរដូវប្រាំងវិញ! តើភ្នំពេញមានអាកាស ធាតុបែបណាទៅប្អូន?

លក្ខី： ធម្មតានៅរដូវប្រាំង ភ្នំពេញមានអាសធាតុក្ដៅជាងនៅតាមខេត្ត។

ផុន： ដោយសារតែនៅតាមខេត្តមានធម្មជាតិច្រើនជាងភ្នំពេញមែនទេ?

លក្ខី： ត្រូវហើយបង! នៅភ្នំពេញភាគច្រើនមានតែផ្ទះថ្វើនិងអគារខ្ពស់ៗ។

ផុន： បាទ ប្អូន! បងយល់ច្បាស់ហើយ។ សូមអរគុណប្អូន!

គ. ព្យាករណ៍អាកាស
情景 3　天气预报

ផុន： សួស្ដី ប្អូន! មួយរយៈនេះ អាកាសធាតុយ៉ាងម៉េចដែរ?

លក្ខី： សួស្ដី បង! មួយរយៈនេះ អាកាសធាតុមិនសូវល្អ សោះ។

ផុន： ហេតុអ្វីប្អូនគិតថា អាកាសធាតុមិនសូវល្អបែបនេះ?

លក្ខី: ព្រោះគឺឡូវជារដូវវស្សា។ អ៊ីចឹង! មានភ្លៀងធ្លាក់ច្រើនណាស់។
ផុន: ពិតមែនហើយបូន! ដូច្នេះ: តើយើងគួរតែធ្វើបែបណាទៅ?
លក្ខី: យើងត្រូវចេះតាមដានព័ត៌មានខាងការព្យាករអាកាសធាតុ។
ផុន: យល់ហើយបូន។ អ៊ីចឹង! បងនឹងតាមដានចាប់ពីពេលនេះតទៅ។
លក្ខី: ត្រូវហើយបង! បើយើងចេះតាមដានល្អ យើងនឹងរស់នៅស្រួល។
ផុន: បងនឹងចងចាំសម្តីអូន ហើយសូមអរគុណអូនខ្លាំងណាស់។
លក្ខី: មិនអីទេ! ការចែករំលែកចំណេះដឹង ជាការគាប់ប្រសើរណាស់។

២. ពាក្យថ្មី
二、生词

អាកាសធាតុ	ន.	天气
រដូវ	ន.	季节
រដូវប្រាំង	ន.	旱季
រដូវវស្សា	ន.	雨季
ប្រជាជន	ន.	人民
សិប្បកម្ម	ន.	手工业
ភ្លៀង	ន.	雨
	កិ.	下雨
ក្តៅ	គុ.	热的，炎热的
ធម្មជាតិ	ន.	自然，植物
ថ្ម	ន.	石头
ការព្យាករអាកាសធាតុ	ន.	天气预报
ចែករំលែក	កិ.	分享，共享
ចំណេះដឹង	ន.	知识

៣. ពាក្យថ្មីពាក់ព័ន្ធ
三、拓展词汇

អាកាស	空气	ខ្យល់	风
អព្ទ	雾	ហិម:	雪
ព្រិល	冰雹	ព្រះអាទិត្យ	太阳
ព្រះចន្ទ	月亮	តារា	星星
ពពក	云朵	ឥន្ទធនូ	彩虹
មេឃស្រឡះ	晴天	មេឃស្រទំ	阴天

៤. លំហាត់
四、练习

请根据以下情景，用柬埔寨语进行对话。

你和金边的小伙伴在一起讨论自己家乡的气候特点。金边的小伙伴说，柬埔寨的季节主要分为两季，旱季和雨季。旱季有六个月的时间，雨季也有六个月时间。旱季炎热少雨，雨季湿润多雨，并且气候更为凉爽。你告诉他，一般而言（តាមធម្មតា）北京的季节主要分为四季，分别是春季、夏季、秋季、冬季。春季鲜花盛开，夏季炎热，秋季经常刮大风，冬季下雪。最后，你们互相邀请对方到自己的城市游玩儿。

៥. ការបកប្រែ
五、参考译文

情景 1　柬埔寨的两季

彤：　　你好！今天我有一些问题想问你。

មេរៀនទី៦ អាកាសធាតុ 第六课 天气

莱斯美： 你好！有什么问题你尽管问。
彤： 柬埔寨一年分为几个季节？
莱斯美： 柬埔寨只有两个季节，旱季和雨季。
彤： 每个季节持续多长时间？
莱斯美： 每个季节持续六个月。
彤： 人们在这两个季节里都从事什么工作呢？
莱斯美： 在雨季时，人们耕种农田；在旱季时，人们从事各项手工业活动。
彤： 好的，我清楚了。非常感谢！
莱斯美： 好的，不客气！

情景2　金边市的天气

莱斯美： 早上好，彤。你要去哪儿？
彤： 早上好，莱斯美。我打算去中央市场。
莱斯美： 但是现在快下雨了。
彤： 确实，那等下午再去吧。
莱斯美： 因为现在是雨季，所以金边总是下雨。
彤： 那在旱季呢？金边的天气怎么样？
莱斯美： 一般来说，在旱季的时候，金边的天气比其他省份更为炎热。
彤： 是因为其他省份的植被比金边多吗？
莱斯美： 确实是这样。金边有很多房屋和高楼大厦。
彤： 原来如此，我了解了。非常感谢！

情景3　天气预报

彤： 你好，莱斯美！最近天气怎么样？
莱斯美： 你好，彤！这段时间的天气不太好。

彤： 为什么最近天气不太好呢？

莱斯美： 因为现在是雨季，所以总是下雨。

彤： 确实，那我们应该怎么办呢？

莱斯美： 我们应该多看天气预报。

彤： 原来如此，那我从今天开始就关注天气预报。

莱斯美： 是呀，如果我们注意看天气预报，就会比较方便。

彤： 我记住了，谢谢你。

莱斯美： 不客气，互相分享知识是一件很棒的事。

៦. តើអ្នកដឹងទេ
六、你知道吗

柬埔寨地处北回归线以南，属于热带季风气候。降水量充沛，空气湿润，气温很高，季节分明。柬埔寨年平均气温高达 29℃～30℃；1 月、12 月的气温最低，月平均气温为 24℃；4 月的气温最高，月平均气温为 35℃，个别地区甚至超过 40℃。每年定期从海洋吹过来的季风，把柬埔寨分为旱季和雨季。一般来说，5 月到 10 月为雨季，这段时间的降水量占柬埔寨全年降水量的 90%；11 月到来年 4 月为旱季，旱季雨水稀少，整日阳光直射，气温很高。

扫码收看视频

មេរៀនទី៧ សម្លៀកបំពាក់
第七课　衣着服饰

១.ការសន្ទនា
一、情景对话

ក.សម្លៀកបំពាក់ប្រពៃណីខ្មែរ
情景1　柬埔寨传统服饰

ផុន： សួស្ដី ឪន !
សក្ដី： សួស្ដី បង!
ផុន： តើឪនរាល់ទេ?
សក្ដី： អត់ទេ។ បងមានការអ្វី?
ផុន： បងចង់ជម្រាបសួរបងខ្លះ?
សក្ដី： អូចឹង ! សូមកុំខ្លាចចិត្តុអី។
ផុន： ចាស ឪន ! តើសម្លៀកបំពាក់ប្រពៃណីខ្មែរជាអ្វី ?
សក្ដី： បាទ បង !ជាសម្លៀកបំពាក់ដែលគេតំណាងឲ្យជាតិខ្មែរហ្គឹងណា មានដូចជា ហូល ជាមួង និងអាវប៉ាក់ ។ល។
ផុន： ចុះគេប្រើសម្លៀកបំពាក់ប្រពៃណីខ្មែរនៅពេលណាដែរបង?
សក្ដី： គឺប្រើនៅពេលមានកម្មវិធីប្រពៃណីជាតិហ្គឹងណាដូចជា ភ្ជុំបិណ្ឌ ចូលឆ្នាំ និងមង្គលការ។ល។

ធុន ៖ ចាស! ឪុនយល់ច្បាស់ហើយ។ សូមអរគុណបងច្រើនណាស់! អ៊ីចឹង សូម ជម្រាបលាសិនហើយ។

លក្ខី ៖ បាទ ឪុន!លាសិនហើយ។ ថ្ងៃក្រោយជួបគ្នា!

ខ. សម្លៀកបំពាក់សម័យទំនើប
情景2 现代服饰

ធុន ៖ សួស្តី ឪុន!

លក្ខី ៖ សួស្តី បង!

ធុន ៖ ឪុនទៅណាមកណាដែរ?

លក្ខី ៖ ចាស ឪុនទៅផ្សារអូរឬស្សី បន្តិច។

ធុន ៖ ឪុនទៅទីនោះដើម្បីទិញស មា្ភរៈប្រើប្រាស់មែនទេ?

លក្ខី ៖ អត់ទេបង គឺឪុនទៅទិញសម្លៀកបំពាក់ហ្នឹងណា។

ធុន ៖ អូ! ឪុនទៅទិញសម្លៀកបំពាក់ប្រភេទណាដែរ?

លក្ខី ៖ ចាស ឪុនទៅទិញសម្លៀកបំពាក់សម័យទំនើប ដូចជាខោខូវប៊ោយ អាវយឺត និងខោអាវកីឡា ។ល។

ធុន ៖ ក្រៅពីសម្លៀកបំពាក់សម័យទំនើប តើនៅណាដែលយើងអាចទិញ សម្លៀកបំពាក់ប្រពៃណីខ្មែរបានដែរ?

លក្ខី ៖ ចាស បង! បងអាចទិញសម្លៀកបំពាក់ប្រពៃណីខ្មែរនៅផ្សារសុរិយា។

ធុន ៖ ឪុនទិញសម្លៀកបំពាក់ស្អាតៗច្រើនម្ល៉េះ គឺមានគម្រោងទៅដើរកម្សាន្តណ មែនទេ?

លក្ខី ៖ ចាស បង!គ្រួសារឪុននឹងដើរកម្សាន្តនៅសប្តាហ៍ក្រោយនេះឯង។

ធុន ៖ អូ !អ៊ីចឹង! បងសូមជូនឪុននិងគ្រួសារមានសុខសុវត្ថិភាពជានិច្ច។

មេរៀនទី៧ សម្លៀកបំពាក់   第七课 衣着服饰   45

លក្ខី： ចាស អរគុណណាស់បង។ ដូច្នេះ ប្អូនសូមលាសិនហើយ។
ឆុន： បាទ ទៅចុះប្អូន។ ថ្ងៃក្រោយជួបគ្នា!

គ. ការស្លៀកពាក់ទៅតាមកាល:ទេស:
情景3 不同场合下的衣着服饰

ឆុន： សួស្តី លក្ខី!
លក្ខី： សួស្តី បងឆុន!
ឆុន： ថ្ងៃនេះលក្ខីស្អាតណាស់!
លក្ខី： អរគុណបងដែលបានសរសើរប្អូន។
ឆុន： តើប្អូនឯងទៅណាដែរទៅ?
លក្ខី： ចាស ប្អូនទៅចូលរួមខួបកំណើតមិត្តភក្តិ។
ឆុន： អ៊ីចឹងតើបានជាប្អូនស្លៀកពាក់ខុសពីរាល់ថ្ងៃ។
លក្ខី： ចាស បង! ប្អូនតែងតែស្លៀកពាក់តាមកាល:ទេស:ជានិច្ច។ ប្អូនគិតថា បងក៏មានការស្លៀកពាក់ច្រើនបែបដែរ។
ឆុន： ចំពោះបង គឺតែងតែសម្រប់ខ្លួនទៅតាមកាល:ទេស:ដូចប្អូនដែរតើ។
លក្ខី： បងពិតជាពូកែមែន។ ខ្ញុំចង់ឃើញបងស្លៀកសម្លៀកបំពាក់ប្រពៃណីណាស់។
ឆុន： អ៊ីចឹង! ចាំពេលខែក្រោយ បងនឹងស្លៀកពាក់ឱ្យប្អូនមើលម្តងនៅក្នុងពិធីមង្គលការមិត្តភក្តិ។
លក្ខី： ចាស បង! រីករាយជានិច្ច។

២. ពាក្យថ្មី
二、生词

ប្រពៃណី   កិ.   传统的

តំណាង	ន.	代表
ហ្វូល	ន.	绫
ជាមូង	ន.	丝织品
អាប៉ាក់	ន.	刺绣，绣花
កម្មវិធី	ន.	活动
ភ្ជុំបិណ្ឌ	ន.	亡人节
អូប្បសី្យ	ន.	乌亚西（地名）
សម្ភារៈ	ន.	物品，物资
សម័យទំនើប	ន.	现代
ខោខាវប៊ីយ	ន.	牛仔裤
អាវយឺត	ន.	T恤
ខួប	ន.	周年
កាលៈទេសៈ	ន.	场合
ការស្លៀកពាក់	ន.	着装
ពិធីមង្គលការ	ន.	婚礼

៣. ពាក្យថ្មីពាក់ព័ន្ធ
三、拓展词汇

អាវផំ	西装，正装		អាវកុជដៃខ្លី	短袖衣
អាវស្បែក	皮衣		អាវរោង	棉袄
អាវរោមចៀម	毛衣		សារុង	纱笼
ស្បែកជើង	鞋子		ស្រោមជើង	袜子
មួក	帽子		ស្រោមដៃ	手套
ឈ្នួតក	围巾		ខ្សែក្រវាត់	腰带

៤. លំហាត់
四、练习

请根据以下情景,用柬埔寨语进行对话。

莱斯美邀请你参加她父母的结婚纪念日宴会(ពិធីជប់លៀង),因此你和莱斯美相约一起去商场,请她帮你挑选合适的衣服。你需要选购西装、皮鞋。你想买棕色的皮鞋,但是莱斯美觉得不好看,她建议你买黑色的皮鞋。在试穿皮鞋的时候,你发现 41 码的鞋子不合适,于是你让店员给你拿 42 码的皮鞋试穿。最后结账的时候一共花了 120 美元。

៥. ការបកប្រែ
五、参考译文

情景 1　柬埔寨传统服饰

彤：　　　你好!
莱斯美：　你好!
彤：　　　你在忙吗?
莱斯美：　不忙,有事吗?
彤：　　　我有些事想咨询你一下。
莱斯美：　好的,你但说无妨。
彤：　　　请问柬埔寨传统服饰是什么?
莱斯美：　柬埔寨传统服饰是一种代表高棉民族的服饰,有绫、丝织品、刺绣等。
彤：　　　人们什么时候穿这些传统服饰呢?
莱斯美：　在参加传统活动的时候穿,比如亡人节、新年和婚礼。
彤：　　　哦,我知道了。谢谢你的介绍。
莱斯美：　好的,下次见。

情景 2　现代服饰

彤：　　莱斯美，你去哪儿？
莱斯美：我去一下乌亚西市场。
彤：　　你去乌亚西市场买生活用品吗？
莱斯美：不，我去买衣服。
彤：　　你去买什么衣服啊？
莱斯美：我去买牛仔裤、T恤、运动服。
彤：　　这些都是现代服饰。除了现代服饰，你知道去哪儿能买到传统服饰吗？
莱斯美：你可以去苏利亚市场买。
彤：　　好的。买这么多漂亮衣服，你是打算出去玩儿吗？
莱斯美：哦，我们家下周要出游了。
彤：　　祝你们全家出游顺利哦。
莱斯美：谢谢！我先走了。
彤：　　好的，再见！

情景 3　不同场合下的衣着服饰

彤：　　你好，莱斯美。
莱斯美：你好，彤。
彤：　　今天你真好看。
莱斯美：谢谢你夸我。
彤：　　你要去哪儿？
莱斯美：我去朋友的生日聚会。
彤：　　哦，难怪你今天穿的衣服如此不同。
莱斯美：是啊。场合不同，穿衣风格就不同嘛。我看你的穿衣风格也很灵活多变。
彤：　　谢谢，我也和你一样，根据不同的场合穿衣服。

莱斯美：你肯定擅长穿搭。我想看你穿柬埔寨传统服饰的样子。
彤：　我的朋友下个月举行婚礼，那天我会穿柬埔寨的传统服饰。
莱斯美：很期待。

៦. តើអ្នកដឹងទេ
六、你知道吗

　　由于气候炎热，柬埔寨人民通常衣着单薄，朴素简约。男子上身着无领直扣开襟衫，样式和中国的对襟短衫相似。在天气炎热的时候，男子一般不穿上衣。女子着贴身开襟齐腰短上衣，下身服饰为纱笼、筒裙或凤尾裙。水布是柬埔寨人民日常生活和装饰的必备之物。水布通常是一块长1米、宽85厘米的纱布，花色多样。柬埔寨人根据实际需要，可以将水布围在下身做裤子，围在脖子上做围巾，扎在腰上做腰带，包在头上做汗巾。

មេរៀនទី៨ គ្រួសារខ្ញុំ
第八课 我的家庭

扫码收看视频

១. ការសន្ទនា
一、情景对话

ក. សមាជិកក្នុងគ្រួសារខ្ញុំ
情景1 我的家庭成员

ផុន： សួស្តី អូន! អូនរៀបចំទៅណា ដែរហ្នឹង?

លក្ខី： សួស្តី បង! អូនរៀបចំទៅ លេងយាយនៅឯខេត្ត បន្តិច។

ផុន： បងគិតថា អូនប្រហែលជានឹក គាត់ខ្លាំងណាស់។

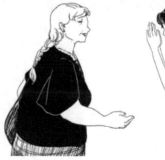

លក្ខី： ចាស នឹកណាស់! យាយតែងតែស្រឡាញ់ខ្ញុំខ្លាំងណាស់។

ផុន： អូនធ្វើបែបនេះពិតជាគ្រឹមត្រូវណាស់។ ធ្វើបុណ្យទាន់ខែភ្លីណាអូន!

លក្ខី： ចាស ពាក្យចាស់មួយឃ្លានេះបានដក់ជាប់ក្នុងក្រអៅបេះដូងអូនជានិច្ច។

ផុន： បាទ បងកើបចិត្តណាស់ដែលបានស្គាល់អូនដែលមានគុណធម៌បែបនេះ។

លក្ខី： ចាស បង! ខ្ញុំក៏គិតថា បងជាមនុស្សចេះដឹងគុណគេដែរ។

ខ. សកម្មភាពក្នុងគ្រួសារខ្ញុំ
情景2　家庭活动

លក្ស្មី៖ ថ្ងៃនេះជាថ្ងៃទំនេរ គេីបងគិត
　　　ធ្វើអ្វីដែរ?

ផុន៖ បាទ! ថ្ងៃនេះបងនាំឱពុក
　　　ម្តាយដេីរកម្សាន្តម្តង។

លក្ស្មី៖ បងនាំឱពុកម្តាយដេីរកម្សាន្ត
　　　ទៅឯណាដែរ?

ផុន៖ បាទ ប្អូនគីទៅកម្សាន្តនៅមាត់ទន្លេចតុមុខហ្នឹងណា។ ចុះប្អូនវិញ?

លក្ស្មី៖ ចំណែកប្អូន គីនៅជួយធ្វើម្ហូបម៉ែបន្តិច និងបោសសម្អាតផ្ទះសម្បែងម្តង។

ផុន៖ ល្អណាស់ប្អូន! ពេលទំនេរផ្លៀតជួយក្រុមគ្រួសារបែបនេះពិតជាប្រសើរ
　　　ណាស់។ ប្អូនពិតជាមនុស្សដែលស្តាប់ឱិកទឱពុកម្តាយមែន។

លក្ស្មី៖ ចាស! អរគុណបង។

គ. គម្រោងកម្សាន្តចុងសប្តាហ៍
情景3　周末的家庭安排

លក្ស្មី៖ សួស្តី បងផុន! ដើមសប្តាហ៍អ៊ីចឹង
　　　រល់ទេបង?

ផុន៖ សួស្តី ប្អូនលក្ស្មី! ដើមសប្តាហ៍
　　　អ៊ីចឹងបងរល់ណាស់។

លក្ស្មី៖ ដូច្នេះ នៅចុងសប្តាហ៍នេះបងគួរតែ
　　　ដើរកម្សាន្តខ្លះទៅ។

ផុន៖ បាទប្អូន! ចុងសប្តាហ៍នេះបងគិតថាទៅកម្សាន្តនៅភ្នំជីស្វរម្តង។ ចុះប្អូនវិញ?

សក្ដី៖ ឪនមិនទៅណាទេបង ព្រោះចុងសប្ដាហ៍ហ្នឹងចំថ្ងៃខួបអាពាហ៍ពិពាហ៍ប៉ា ម៉ាក់។

ចុន៖ អូ! ដូច្នេះឪនត្រូវតែនៅរៀបចំកម្មវិធីនិងរៀបចំផ្ទះហើយបន្តិចហើយ។

សក្ដី៖ ចាស ពិតហើយបង។ ប៉ុន្តែសប្បាយណាស់ព្រោះបានជួបជុំញាតិមិត្ត ហើយ ខ្ញុំនឹកបងឪនខ្ញុំខ្លាំងណាស់។

ចុន៖ ត្រឹមត្រូវហើយឪន។ ហាត់កាយក់ប៉ុន្តែសប្បាយចិត្តជារឿងគាប់ប្រសើរ ណាស់។

២. ពាក្យថ្មី
二、生词

យាយ	ន.	奶奶
ក្រអៅបេះដូង	ន.	心境，感受
គុណធម៌	ន.	恩惠，恩德
បុណ្យទាន់ខែភ្លី		百善孝为先（俗语）
ទន្លេចតុមុខ	ន.	四臂湾（地名）
ផ្ទះសម្បែង	ន.	房屋
បែក	កិ.	分开，分离
ភ្នំជីស្វរ	ន.	基素山（地名）
អាពាហ៍ពិពាហ៍	ន.	婚礼
ជុំញាតិមិត្ត	ន.	亲戚
សប្បាយចិត្ត	គុ.	开心，快乐

មេរៀនទី៨ គ្រួសារខ្ញុំ 第八课 我的家庭

៣.ពាក្យថ្មីពាក់ព័ន្ធ
三、拓展词汇

ប៉ា ឪពុក បិតា	爸爸，父亲	ម៉ាក់ ម្ដាយ ម៉ែ មាតា	妈妈，母亲
តា ជីតា	爷爷，祖父	យាយ ជីដូន	奶奶，祖母
កូនប្រុស បុត្រា	儿子	កូនស្រី បុត្រី	女儿
បងប្រុស	哥哥	អូនប្រុស	弟弟
បងស្រី	姐姐	អូនស្រី	妹妹
ចៅ	孙辈	មីង	婶婶，姑姑，阿姨
ពូ	叔叔，舅舅，姑父		
ក្មួយ	侄子，外甥		

៤.លំហាត់
四、练习

请根据以下情景，用柬埔寨语进行对话。

柬埔寨朋友邀请你去她家做客，并一一向你介绍她退休的爷爷、奶奶，在国外做生意的爸爸、当老师的妈妈、当画家的哥哥、当医生的姐姐和正在上幼儿园的弟弟，以及他们的年龄等。同时她也询问你的家庭成员情况，你一一做了回答。

៥.ការបកប្រែ
五、参考译文

情景 1　我的家庭成员

彤：　你好，你准备去哪儿啊？

莱斯美：我准备去外地看望一下奶奶。

彤：　　我猜你一定很想念她吧！

莱斯美：是的，奶奶一直很疼爱我。

彤：　　你这样做很对。俗话说，百善孝为先。

莱斯美：是啊，这句老话真是深得我心。

彤：　　我真开心能认识你这么一位道德高尚的好人。

莱斯美：你也是一个懂得感恩的人。

情景 2　家庭活动

莱斯美：今天是休息日，你有什么安排呢？

彤：　　今天我带父母出去玩儿。

莱斯美：你们去哪儿玩儿啊？

彤：　　我带父母去四臂湾的河边游玩儿，你呢？

莱斯美：我帮妈妈做饭，再帮她打扫一下屋子。

彤：　　空闲的时间帮忙做家务是件好事，你很孝顺。

莱斯美：谢谢！

情景 3　周末的家庭安排

莱斯美：你好，彤，这周忙吗？

彤：　　你好，莱斯美，这周我很忙。

莱斯美：周末应该出去玩儿一下，放松放松。

彤：　　是啊，这周末我打算去基素山游玩儿。你呢？

莱斯美：我哪儿也不去，因为这周末是我父母的结婚纪念日。

彤：　　哦！那你可有得忙了，要安排好活动和场地。

莱斯美： 确实如此，但是很开心，因为能见到很多亲戚，我很想念我的兄弟姐妹。

彤： 忙碌但是开心，是件好事。

៦.តើអ្នកដឹងទេ
六、你知道吗

  在柬埔寨，女性的地位是比较高的。古代，柬埔寨女性主要通过占有土地来维持自身的地位。男人只有通过迎娶一位继承自家土地的贵族女性，才能获得这片土地的统治权。在高棉语中，"女性"与"首领"为同一个词（មេ）。如县长（មេស្រុក）、军官（មេទាហាន）等具有首领含义的词，都以 មេ 为前缀。

扫码收看视频

មេរៀនទី៩ ស្រុកកំណើតខ្ញុំ
第九课　我的家乡

១. ការសន្ទនា
一、情景对话

ក. ទីតាំងភូមិសាស្ត្រស្រុកកំណើតខ្ញុំ
情景1　我的家乡概况

លក្ខី：　អរុណសួស្តី បង! តើបងទៅណាហ្នឹង?

ផុន：　អរុណសួស្តី ប្អូន! គឺបងទៅលេងស្រុកកំណើតហ្នឹងណា។

លក្ខី：　តើស្រុកកំណើតរបស់បងនៅឯណាដែរ?

ផុន：　ស្រុកកំណើតបងនៅឯខេត្តសៀមរាប។ ចុះប្អូនវិញ?

លក្ខី：　ចាស ស្រុកកំណើតរបស់ប្អូន គឺនៅឯខេត្តកំពត។

ផុន：　អូ! ខ្ញុំឮថា ខេត្តកំពតសម្បូរទុរេនធម្មជាតិឆ្ងាញ់ណាស់។ មែនទេ?

លក្ខី：　ចាស ពិតមែនហើយបង។ ថ្ងៃក្រោយបើបងទំនេរ អាចទៅញុំាបាន។

ផុន：　ល្អណាស់! អីចឹង បងសូមអរគុណទុកជាមុនណា។

លក្ខី：　មិនអីទេបង! ប្អូនស្វាគមន៍ជានិច្ច។

ខ. ជនជាតិស្រុកកំណើតខ្ញុំ
情景2　家乡的民族

លក្ស្មី:   សាយណ្ហសួស្តី បងចុន។ ប្អូន
           សូមសួរបងបន្តិចបានទេ?

ចុន: សាយណ្ហសួស្តី ប្អូនលក្ស្មី! បាន
           តើ! សូមប្អូនសួរមកចុះ។

លក្ស្មី:   តើស្រុកកំណើតបង ក្រៅពីជន
           ជាតិដើម នៅមានជនជាតិអ្វីទៀត?

ចុន: បាទ! មានជនជាតិចាម ជនជាតិ
           ពួង និងជនជាតិចារ៉ាយ ។ល។

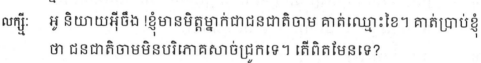

លក្ស្មី:   អូ និយាយអុីចឹង !ខ្ញុំមានមិត្តម្នាក់ជាជនជាតិចាម គាត់ឈ្មោះខៃ។ គាត់ប្រាប់ខ្ញុំ
           ថា ជនជាតិចាមមិនបរិភោគសាច់ជ្រូកទេ។ តើពិតមែនទេ?

ចុន: ពិតហើយប្អូន!ព្រោះជនជាតិនីមួយៗ គឺមានទំនៀមទម្លាប់ខុសៗគ្នា។

លក្ស្មី:   ចុះពួកគេរស់នៅមានសាមគ្គីភាព និងទំនាក់ទំនងគ្នាល្អដែរឬទេបង?

ចុន: បាទ!ពួកគេមានទំនាក់ទំនងល្អ និងសាមគ្គីភាពល្អជាធម្មតានោះ។

លក្ស្មី:   អរគុណបង! ដែលបានពន្យល់ប្រាប់ប្អូនយ៉ាងក្បោះក្បាយបែបនេះ។

ចុន: បាទ មិនអីទេប្អូន។

គ. តំបន់ទេសចរណ៍នៅស្រុកកំណើតខ្ញុំ
情景3　家乡的旅游名胜

លក្ស្មី:   សួស្តី បងប្រុស !រីករាយ ណាស់ដែលបានស្គាល់បង។

ចុន: សួស្តី ប្អូនស្រី ! បងក៏រីករាយដែរ ដែលបានស្គាល់ប្អូន។

លក្ស្មី:   នេះជាលើកទីមួយហើយដែលប្អូនបានមកដល់ក្រុងសៀមរាបនេះ។

ថុន៖ អូ អ៊ីចឹង។ បងសូមស្វាគមន៍ប្អូនស្រីដែលបានមកកម្សាន្តនៅទីនេះ។

លក្ខី៖ ចាស អរគុណបង។ តើខេត្តសៀមរាបមានអ្វីល្អសម្រាប់ទស្សនាទេ?

ថុន៖ បាទ មានប្រាសាទអង្គរវត្ត ជាមរតកវប្បធម៌នៃដូនតាបុរាណខ្មែរយើង។

លក្ខី៖ តើប្អូនគួរដើរកម្សាន្តប៉ុន្មានថ្ងៃទៅទើបល្មម?

ថុន៖ ប្រហែលបីថ្ងៃ ព្រោះក្រុងសៀមរាបមានប្រាសាទបុរាណច្រើនណាស់។

លក្ខី៖ ចាសបង ប្អូនយល់ហើយ។ សូមអរគុណបង។

ថុន៖ បាទ មិនអីទេ។

២.ពាក្យថ្មី
二、生词

ទីតាំង	ន.	场所，地方
ភូមិសាស្ត្រ	ន.	地理，地理学
ស្រុកកំណើត	ន.	家乡，故乡
កំពត		贡布省（地名）
ទុរេន	ន.	榴梿
ប្រជាជន	ន.	人民，民众
ជនជាតិ	ន.	民族
ជនជាតិដើម	ន.	原住民

ជនជាតិចាម	ន.	占族
ជនជាតិពូង	ន.	普农族
ជនជាតិចារ៉ាយ	ន.	加莱族
បរិភោគ	កិ.	吃，食用
សាច់ជ្រូក	ន.	猪肉
ទំនៀមទម្លាប់	ន.	习俗，风俗习惯
ខុស	គុ.	不同的，相异的
សាមគ្គីភាព	ន.	团结
ទំនាក់ទំនង	ន.	联系，关系
ក្បោះក្បាយ	គុ.	详细的，细节的
តំបន់ទេសចរណ៍	ន.	风景名胜，风景区
ស្គាល់	កិ.	认识，知晓
លើក	សំ.នុ.	次，次数
ប្រាសាទអង្គរវត្ត	ន.	吴哥窟
មរតក	ន.	遗产
វប្បធម៌	ន.	文化
ដូនតា	ន.	祖先，先辈
បុរាណ	គុ.	古代的，古老的

៣. ពាក្យថ្មីពាក់ព័ន្ធ
三、拓展词汇

ស្រែចម្ការ	田地	វាលភក់	沼泽
ទំនាប	洼地	វាលរាប	平原
ខ្ពង់រាប	高原	ជួរភ្នំ	山脉

ដំបូក	土丘	កោះ	岛屿
ឧបទ្វីប	半岛	សមុទ្រ	海
ផ្នែរសមុទ្រ	海边	ច្រកសមុទ្រ	海峡
បឹងបួរ	湖泊	ជនជាតិភាគតិច	少数民族

៤. លំហាត់
四、练习

请根据以下情景,用柬埔寨语进行对话。

情景 1

你初到柬埔寨留学。开学第一天,老师让大家介绍自己的家乡。你介绍了自己家乡的地理位置、气候、民族,还有一些著名的景点。此外还介绍了自己家乡的一些有名的小吃,并邀请柬埔寨老师去你家乡做客。

情景 2

你和柬埔寨朋友去咖啡馆喝咖啡,你向她介绍中国一些地区的生活方式:广东、广西人喜欢喝早茶,四川人喜欢打麻将等。此外还介绍了中国人的吉祥文化、生活方式和传统美德,如中国人喜欢数字 6 和 8,喜欢喝热水,尊老爱幼等。

៥. ការបកប្រែ
五、参考译文

情景 1 我的家乡

莱斯美:早上好!你去哪儿啊?

彤: 早上好!我今天要回老家。

莱斯美：你的家乡在哪里？
彤：　我的家乡在暹粒省。你呢？
莱斯美：我的家乡在贡布省。
彤：　我听说，贡布省盛产好吃的榴梿，是吗？
莱斯美：确实如此。以后你有空儿可以来品尝品尝。
彤：　好啊，我先谢谢你了。
莱斯美：不客气，非常欢迎你。

情景2 家乡的民族

莱斯美：下午好，彤。我想问你点儿事，可以吗？
彤：　下午好，莱斯美，你请说。
莱斯美：你的家乡，除了主体民族，还有哪些民族呢？
彤：　有占族、普农族和加莱族等。
莱斯美：哦！这么说来，我有一个朋友是占族，他名叫凯。他告诉我说，占族人不吃猪肉，这是真的吗？
彤：　确实如此，不同的民族有不同的风俗习惯。
莱斯美：那他们生活在一起是否团结一致并和谐共处呢？
彤：　是的，大家能够和谐相处，团结友爱地生活在一起。
莱斯美：谢谢你这么详细地介绍。
彤：　不客气。

情景3　家乡的旅游名胜

莱斯美：你好！很高兴见到你！
彤：　你好！很高兴见到你！
莱斯美：这是我第一次来到暹粒市。

彤： 非常欢迎你来暹粒市旅游。

莱斯美：暹粒市有什么旅游名胜吗？

彤： 暹粒市有柬埔寨历史文化遗产——吴哥窟。

莱斯美：你觉得在暹粒游玩儿几天比较好呢？

彤： 我建议你玩儿三天。因为暹粒市有很多古代的寺庙遗址。

莱斯美：好的，我知道了。非常感谢。

彤： 不客气。

៦.តើអ្នកដឹងទេ
六、你知道吗

　　暹粒省，高棉语意为"击败暹罗人之地"，位于柬埔寨西北部，其东面与柏威夏省和磅同省毗邻、西面与班迭棉吉省和马德望省相接、北面与奥多棉吉省毗连、南面与洞里萨湖相连。省会暹粒市距首都金边 311 公里，距泰国边界 152 公里。暹粒省面积 10,299 平方公里，人口约 100 万。暹粒省是柬埔寨传统的鱼米之乡，该省的农业主要为水稻种植、经济作物、水果、畜禽养殖等。暹粒省旅游资源丰富，近年来旅游业快速发展，正成为世界新兴的旅游目的地之一。被誉为"柬埔寨灵魂"的吴哥窟就位于该省。柬埔寨政府高度重视旅游业的发展，未来将优先发展潜力巨大的旅游服务业。

មេរៀនទី១០ មិត្តភក្តិខ្ញុំ
第十课　我的朋友

扫码收看视频

១. ការសន្ទនា
一、情景对话

ក. ចរិតលក្ខណៈមិត្តភក្តិខ្ញុំ
情景1　我朋友的特点

លក្ខី៖ សួស្តី បងផុន ម៉េចបានជាថ្ងៃនេះសប្បាយចិត្តម្លេះ?

ផុន៖ សួស្តី អូនលក្ខី ព្រោះបងបានស្គាល់មិត្តថ្មីម្នាក់ហើយណា។

លក្ខី៖ តើគាត់ឈ្មោះអ្វីដែរបង? ហើយគាត់ជាមនុស្សយ៉ាងម៉េចដែរ?

ផុន៖ បាទ គាត់ឈ្មោះ សុភា ជាមនុស្សទៀងត្រង់ ស្អាតបូត និងមានទឹកចិត្តកក់ក្ដៅ។

លក្ខី៖ គាត់ជាមនុស្សមានការអប់រំក្នុងគ្រួសារណាស់ហើយមើលទៅ។

ផុន៖ ពិតមែនហើយអូន ព្រោះសុភាចេះដឹងគុណឪពុកម្ដាយនិងញាតិជិតខាងណាស់។

លក្ខី៖ ខ្ញុំក៏ចង់ស្គាល់សុភាដែរបង។ តើបងអាចជួយណែនាំឱ្យពួកយើងស្គាល់គ្នាបានទេ?

ផុន ៖ បាទ! ចាំថ្ងៃណាមួយ បងនឹងណែនាំសុភាឲ្យស្គាល់ឪុនលក្ខ្មី។
លក្ខ្មី ៖ ចាស សូមអរគុណបងទុកជាមុនហើយ។
ផុន ៖ បាទ មិនអីទេឪុន។

ខ. របៀបទាក់ទងគ្នារវាងមិត្តនឹងមិត្ត
情景2　联系朋友的方式

ផុន ៖ សួស្តី ឪុនលក្ខ្មី តើឪុនទៅណាហ្នឹង?
លក្ខ្មី ៖ សួស្តី បងផុន ខ្ញុំទៅរកមិត្តភក្តិខាង បច្ចេកវិទ្យាបន្តិច។ ខ្ញុំចង់ឲ្យមិត្តភក្តិជួយ ដំឡើងកម្មវិធីវិភាតក្នុងទូរសព្ទបន្តិច។
ផុន ៖ ធម្មតាបងឃើញឪុនប្រើហ្វេសប៊ុកដែរ ហេតុអ្វីបានជាឪុនចង់ប្រើកម្មវិធីវិភាត?
លក្ខ្មី ៖ ព្រោះខ្ញុំមានមិត្តភក្តិរៀននៅប្រទេសចិន។ នៅទីនោះគេនិយមប្រើវិភាតណាស់។
ផុន ៖ អូ ពួកគេមិនប្រើហ្វេសប៊ុកទាក់ទងជាមួយ គ្នាទេ?
លក្ខ្មី ៖ ចាស ពួកគេមិនសូវប្រើវាទេ គេនិយមប្រើវិភាត។
ផុន ៖ វិភាតអាចផ្ញើរូបភាពនិងទាក់ទងជាមួយគ្នាដែរឬទេ?
លក្ខ្មី ៖ ចាស បង។

គ. ការរាប់អានគ្នានឹងមិត្តភក្តិ
情景3　与朋友相处

ផុន ៖ សួស្តី ឪុនលក្ខ្មី។ម្សិលមិញ បងបានជួបមិត្តភក្តិឪុននៅតាមផ្លូវ។
លក្ខ្មី ៖ សួស្តី បងផុន។ តើបងជួបមិត្តភក្តិខ្ញុំមួយណា?

មេរៀនទី១០ មិត្តភក្តិខ្ញុំ 第十课 我的朋友   65

ផុន : គឺរដ្ឋា ហ្នឹងណា។ គាត់ទៅលេងសួនសត្វ។ គាត់ថា នឹកព្រកងណាស់។

លក្ខី : ខ្ញុំក៏នឹកព្រកដល់គាត់ដែរ ព្រោះខ្ញុំនិងគាត់ជាមិត្តភក្តិជិតស្និទ្ធតាំងពីតូចមកា

ផុន : តើពួកអូនឆ្លាប់មានជម្លោះជាមួយនឹងគ្នាដែរឬទេ?

លក្ខី : ចាស បងៗជួនកាលមានតិចតួចដែរ ប៉ុន្តែពួកយើងបានដោះស្រាយដោយសន្តិវិធី។

ផុន : បាទ ត្រូវហើយអូន។ រាល់បញ្ហាតែងតែមានដំណោះស្រាយ។ នេះជាគន្លឹះល្អណាស់។

លក្ខី : ចាស អូនតែងតែជួយគ្នាជានិច្ច ទោះស្ថិតក្នុងកាលៈទេសៈបែបណាក៏ដោយ។

ផុន : យើញអូនចេះស្រឡាញ់រាប់អានគ្នាបែបនេះ គឺបងពិតជារីកើបចិត្តខ្លាំងណាស់។

លក្ខី : ចាស សូមអរគុណបងណាស់។

២.ពាក្យថ្មី
二、生词

ចរិត	ន.	品质, 品德
លក្ខណៈ	ន.	性质, 特性
ទៀងត្រង់	គុ.	诚实的
សុភូត	គុ.	谦虚的

ទឹកចិត្តកក់ក្ដៅ	n.	热情，热心肠的
ស្រឡាញ់	ki.	爱，热爱
របៀប	n.	种类，类别
បច្ចេកវិទ្យា	n.	技术，科技
ដំឡើង	ki.	升级，安装
វិនាត	n.	微信
ទូរស័ព្ទ	n.	电话，手机
ហ្វេសប៊ុក	n.	脸书
ផ្ញើ	ki.	寄送，发送
រូបភាព	n.	图片
ស្អាត	ku.	美丽的，干净的
រាប់អាន	ki.	相处
សន្តិវិធី	n.	和平方式，和平手段
ជិតស្និទ្ធ	ku.	亲密的，相近的
គន្លឹះ	n.	关键
បញ្ហា	n.	问题
ដំណោះស្រាយ	n.	解决方法
ដោះស្រាយ	ki.	解决
ឃើញ	ki.	看见，看到
រំភើបចិត្ត	ku.	感动的，心情激动的

៣. ពាក្យថ្មីពាក់ព័ន្ធ
三、拓展词汇

| ស្គម | 瘦的 | ធាត់ | 胖的 |

មេរៀនទី១០ មិត្តភក្តិខ្ញុំ 第十课 我的朋友

ខ្ពស់	高的	ទាប	矮的
មាំ	健壮的	ចាស់	年老的
ក្មេង	年轻的	ឆ្លាត	聪明的
ល្ងង់	愚蠢的	រាក់ទាក់	温和的
គួរសម	礼貌的	កក់ក្តៅ	热情的
តានតឹង	紧张的	សាហាវ	残忍的
ស្ងប់ស្ងាត់	冷静的	មូមៅ	急性子的
ចចេស	顽固的	ស្មោះត្រង់	直爽的

៤. លំហាត់
四、练习

请根据以下情景,用柬埔寨语进行对话。

你到柬埔寨留学后认识了很多柬埔寨朋友。周末休息时,你和父母视频聊天儿。妈妈问起你在柬埔寨的交友情况。你告诉妈妈,你最好的柬埔寨朋友叫索披,是个男生。他就读于金边皇家大学柬埔寨语文学系二年级。索披非常高,身体健壮,长得很帅,就是皮肤有点儿黑。他家住在暹粒市,家里还有一个姐姐和一个弟弟。他喜欢打篮球,游泳和旅游。他是个聪明、热情、乐于助人的人,你们每天都用微信和脸书聊天儿。

៥. ការបកប្រែ
五、参考译文

情景 1 我朋友的特点

莱斯美:你好,彤。今天为什么这么高兴?

彤：　　　你好，莱斯美。因为今天认识了一位新朋友。

莱斯美：他叫什么名字？是个什么样的人？

彤：　　　他叫索披，是个诚实、谦逊、热情的人。

莱斯美：看样子他受过良好的家庭教育。

彤：　　　确实如此。因为索披对父母和亲戚都怀有感恩之心。

莱斯美：我也很想认识他。你可以介绍我们认识吗？

彤：　　　可以啊，没问题。等哪天有机会我把他介绍给你。

莱斯美：好的，先谢谢了！

彤：　　　不客气。

情景 2　联系朋友的方式

彤：　　　你好，莱斯美。你去哪儿？

莱斯美：你好，彤。我去找一下我的技术宅朋友。我想让他帮忙升级手机上的微信。

彤：　　　我看你平时也在用脸书，为什么你突然想用微信？

莱斯美：因为我同学在中国学习。在那边，人们喜欢用微信。

彤：　　　他们不用脸书吗？

莱斯美：是的，他们不怎么用脸书，他们喜欢用微信。

彤：　　　微信也能发照片和信息吗？

莱斯美：是的。

情景 3　与朋友相处

彤：　　　你好，莱斯美，昨天我在路上遇见你的朋友了。

莱斯美：你好，彤。你遇见谁了？

彤：　　　他叫莱塔。他去动物园玩儿。他很想念你。

莱斯美：我也很想他。因为我和他从小就是好朋友。

彤：　　你们曾经争吵过吗？

莱斯美：总有些小矛盾，但已经和解了。

彤：　　那就好。任何问题都有解决方法。解决问题才是关键。

莱斯美：是啊，我们在任何情况下都应该互帮互助。

彤：　　看到你们相处得这么好，我真的很感动。

莱斯美：非常感谢。

៦. តើអ្នកដឹងទេ
六、你知道吗

  柬埔寨人已经逐渐改变了赤脚行走的习惯，开始穿鞋。柬埔寨人喜欢穿拖鞋，普通百姓不论男女老少，不论在什么场合，都会穿拖鞋。政府官员、公司员工、有社会地位的人、富人则爱穿皮鞋。女孩子经常赤脚穿凉鞋或高跟鞋。在农村，仍然有很多人喜欢赤脚。此外，僧侣和佛教徒们认为，寺庙是洁净之地，民众进入佛堂时，需要先把鞋脱在佛堂外的台阶上。

扫码收看视频

មេរៀនទី១១ ចំណង់ចំណូលចិត្តខ្ញុំ
第十一课　我的兴趣爱好

១. ការសន្ទនា
一、情景对话

ក. ការមើលតន្ត្រី
情景1　欣赏音乐会

លក្ខី៖ បងឆុន ថ្ងៃអាទិត្យនេះទៅមើលការប្រគំតន្ត្រីជាមួយខ្ញុំទេ?

ឆុន៖ ស្ងាយណាស់ប្អូន។ ថ្ងៃអាទិត្យនេះបងជាប់រវល់រៀនភាសាចិន។

លក្ខី៖ អូ គួរឱ្យស្ងាយមែនបង! ព្រោះសិល្បករដែលមកច្រៀងសុទ្ធតែល្បីៗណាស់។

ឆុន៖ តើប្អូនលក្ខីចូលចិត្តចម្រៀងបែបបុរាណឬចម្រៀងបែបសម័យទំនើប?

លក្ខី៖ ខ្ញុំចូលចិត្តបែបបុរាណណាបង ជាពិសេសគឺទាក់ទងនឹងប្បធម៌ជាតិ។

ឆុន៖ បើមានឱកាស លើកក្រោយ បងនឹងទៅមើលកម្សាន្តជាមួយនឹងប្អូនដែរ។

លក្ខី៖ ចាស បង។ និយាយអ៊ីចឹង បងចូលចិត្តតន្ត្រីបែបណា?

ឆុន៖ បាទ បងចូលចិត្តតន្ត្រីសម័យទំនើប ព្រោះគិតថាពីរោះនិងទាន់សម័យ។

មេរៀនទី១១ ចំណង់ចំណូលចិត្តខ្ញុំ 第十一课 我的兴趣爱好 71

លក្ខី ៖ ឈ្នះណាស់ បង។ ដូច្នេះថ្ងៃក្រោយយើងនឹងទៅមើលកម្សាន្តទាំងអស់គ្នាម្តងណា។
ឯុន ៖ បាទ ប្អូន។

ខ. ការអានសៀវភៅ
情景2　阅读

ឯុន ៖ សួស្តី ប្អូន។ ទៅណាហ្នឹង?
លក្ខី ៖ សួស្តី បង។ ខ្ញុំទៅបណ្ណាល័យ ដើម្បីខ្ចីសៀវភៅមើលហ្នឹងណា។
ឯុន ៖ អុីចឹងយើងនឹងទៅជាមួយគ្នា។ តើលក្ខីចង់ខ្ចីសៀវភៅអ្វីខ្លះ?
លក្ខី ៖ ខ្ញុំចង់ខ្ចីសៀវភៅសម្រាប់សិក្សាផង និងសៀវភៅសម្រាប់មើលកម្សាន្តផង។
ឯុន ៖ បងគិតថា ប្អូនប្រហែលជាចូលចិត្តអានសៀវភៅខ្លាំងណាស់ហើយមើលទៅ។
លក្ខី ៖ ចាស ខ្ញុំចូលចិត្តអានតាំងពីតូចមកម្ល៉េះ ហើយខ្ញុំតែងតែទៅបណ្ណាគារគ្រប់អាទិត្យ។
ឯុន ៖ បងក៏ចូលចិត្តអានដែរប្អូន ពិសេសគឺចូលចិត្តមើលប្រលោមលោកជាងគេបំផុត។
លក្ខី ៖ ដូចគ្នាណា។ ប្អូនគិតថា ការមើលសៀវភៅអាចនាំឱ្យយើងមានចំណេះដឹងច្រើន។
ឯុន ៖ បាទ ពិតហើយប្អូន។

គ. ការថតរូប
情景3　摄影

លក្ខី ៖ សួស្តី បង។ រូបអង្គរវត្តដែលបងបង្ហោះក្នុងវីណាតពិតជាស្អាតណាស់។ បងជា អ្នកថតមែនទេ?

ធុន : សួស្ដី ឪនពិតមែនហើយ រូបអង្គរវត្តបងជាអ្នកថតកាលពីសប្ដាហ៍មុន។

លក្ខី : ខ្ញុំគិតថា រូបថតនោះស្អាតណាស់! តើបងនៅមានរូបថតផ្សេងទៀតដែរទេ?

ធុន : មាន ឪនដូចជាប្រាសាទតាព្រហ្ម ប្រាសាទព្រះខ័ន និងប្រាសាទបន្ទាយស្រី។ល។

លក្ខី : ចាសបងពិតជាប្រសើរខ្លាំងណាស់។ ហើយឪនគិតថាបងក៏ពូកែថតរូបដែរ។

ធុន : បាទ អរគុណឪន! ព្រោះបងចូលចិត្តធ្វើទេសចរណ៍ហើយថតរូបតាមផ្លូវតាំងពីបងនៅវ័យកុមារមកម្ល៉េះ។

លក្ខី : ពិតជាអស្ចារ្យណាស់! បងច្បាស់ជាបានថតរូបទេសភាពជាច្រើនហើយ។

ធុន : បាទ បងចូលចិត្តថតគ្រប់ទិដ្ឋភាព ទាំងប្បែមិបុរាណ ទាំងប្បែមិធម្មជាតិ។ រូបភាពទាំងនេះសុទ្ធតែជាអនុស្សាវរីយ៍ល្អក្នុងដំណើរទេសចរណ៍។

លក្ខី : បើមិនសរសើរគឺគួរឱ្យស្ដាយណាស់ ព្រោះបងមានទេពកោសល្យពិតៗ។ ដូច្នេះថ្ងៃក្រោយបងអាចជួយបង្រៀនឪនថតម្ដងទេ?

ធុន : បាទ! ប៉ុន្តែជំនាញថតរបស់ខ្ញុំនៅមានកម្រិត ហើយខ្ញុំមិនអាចធ្វើជាគ្រូរបស់ឪនបានទេ។ ប៉ុន្តែយើងអាចទៅថតរូបជាមួយគ្នានិងពិភាក្សាពីជំនាញថតរូបនៅពេលថ្ងៃក្រោយ។

លក្ខី : ខ្ញុំត្រេកអរខ្លាំងណាស់។ សូមអរគុណបងទុកជាមុនណា។

ធុន : បាទ មិនអីទេឪន។

មេរៀនទី១១ ចំណង់ចំណូលចិត្តខ្ញុំ 第十一课 我的兴趣爱好

២. ពាក្យថ្មី
二、生词

ចំណង់ចំណូលចិត្ត	ន.	兴趣爱好
តន្ត្រី	ន.	音乐，乐曲
ប្រគំ	កិ.	演奏
ស្តាយ	គុ.	遗憾的
សិល្បករ	ន.	艺术家，演员
ល្បី	គុ.	著名的，有名的
ពីរោះ	គុ.	声音动听的
ខ្ចី	កិ.	借
ម្ល៉េះ	សព្វ.	这样，如此
បណ្ណាគារ	ន.	书店
ប្រលោមលោក	ន.	小说
បង្ហោះ	កិ.	发送，发帖
ប្រាសាទតាព្រហ្ម	ន.	塔布隆寺
ប្រាសាទព្រះខ័ន	ន.	圣剑寺
ប្រាសាទបន្ទាយស្រី	ន.	女王宫
ថតរូប	គុ.	摄影，照相
ទិដ្ឋភាព	ន.	景色
ទេពកោសល្យ	ន.	天赋

៣. ពាក្យថ្មីពាក់ព័ន្ធ
三、拓展词汇

ល្ខោនស្បែក	皮影戏	ល្ខោននិយាយ	话剧

ល្ខោនតុក្កតា	木偶戏	បទចម្រៀង	歌曲
របាំ	舞蹈	រូបថត	相片
ភាពយន្ត	电影	សិល្បៈចម្រៀង	曲艺
សៀក	杂技	ភ្លេង	音乐
ព្យាណូ	钢琴	ស្គរ	鼓
ខ្លុយ			笛子
តុកកំប្លែងនិយាយឱ្យសើច			相声

៤. លំហាត់
四、练习

请根据以下情景，用柬埔寨语进行对话。

你在回宿舍的路上遇到刚认识不久的柬埔寨朋友莱塔，闲聊时你和莱塔互相讲述了自己的爱好，莱塔很喜欢听音乐，特别是舞曲，莱塔觉得听音乐能让自己身心愉悦。你也喜欢听音乐，还喜欢摄影、弹钢琴。你得知莱塔也喜欢听音乐，想让他向你推荐一些柬埔寨的歌曲和歌手。莱塔也让你教他摄影。

៥. ការបកប្រែ
五、参考译文

情景 1　欣赏音乐会

莱斯美：彤，这个星期天和我一起去听音乐会吗？
彤：　　真遗憾！这个星期天我要忙着学汉语呢。
莱斯美：确实很遗憾啊，这次来表演的艺术家都是名角呢。
彤：　　你喜欢听古典音乐还是流行音乐？

莱斯美：我喜欢听古典音乐，特别是和民族文化相关的。
彤：　　如果下次有机会，我可以和你一起去听音乐会。
莱斯美：好的，那你喜欢什么音乐类型？
彤：　　我喜欢听流行音乐，因为我觉得流行音乐好听而且时尚。
莱斯美：好的，那以后我们一起去听音乐会吧。
彤：　　好的。

情景2　阅读

彤：　　莱斯美，你去哪儿？
莱斯美：我想去图书馆借书。
彤：　　我们一块儿去吧。你想借什么书？
莱斯美：我想借学习用书和休闲读物。
彤：　　看来你也是一个喜爱读书的人。
莱斯美：是啊，我从小就喜欢读书，而且我每周都会去逛书店。
彤：　　我也非常喜欢读书，特别喜欢读小说。
莱斯美：我也是。我认为，阅读能让我们获得许多知识。
彤：　　确实如此。

情景3　摄影

莱斯美：看你在微信朋友圈发了吴哥窟的照片，拍得真好。那是你自己拍的吗？
彤：　　是的，是我上周拍的。
莱斯美：我觉得那张照片很漂亮。你还有其他照片吗？
彤：　　有啊，还有塔布隆寺、圣剑寺和女王宫的照片。
莱斯美：你真厉害，我觉得你很擅长摄影。
彤：　　谢谢，我从小就喜欢摄影和旅游。

莱斯美：太棒了，你一定拍过不少风景照。

彤：　　是呀。我喜欢拍各地的文化古迹和自然风光。这些都是旅途中美好的记忆。

莱斯美：真是不得不称赞你啊，你真有摄影天赋！以后你教我摄影吧。

彤：　　当然可以，但我的水平有限，可做不了你的老师。不过我可以和你一起去摄影，我们一边玩儿一边探讨摄影技巧。

莱斯美：荣幸之至，先谢谢你了。

彤：　　不客气。

៦. តើអ្នកដឹងទេ
六、你知道吗

　　柬埔寨的皮影戏是一种历史悠久、人们喜闻乐见的戏剧形式。它是一种集音乐、舞蹈、雕刻、诗歌于一体的综合艺术。柬埔寨皮影戏分为大皮影戏和小皮影戏，其中大皮影戏已在2005年11月被联合国教科文组织列入《人类非物质文化遗产代表作名录》。大皮影戏所使用的固定道具——皮影是由整张牛皮雕刻制作而成，高约1~2米，演出剧目通常为《罗摩衍那》里的经典故事。小皮影戏所用皮影不足1米高，表演的剧目趋向世俗，题材涵盖神话传说、民间故事、市井新闻等。此外，皮影戏在演出时还有专门的乐队伴奏和唱白。

មេរៀនទី១២ ក្ដីសុបិនខ្ញុំ
第十二课　我的理想

扫码收看视频

១. ការសន្ទនា
一、情景对话

ក.ការគិតអំពីក្ដីសុបិន
情景 1　讨论理想

លក្ខី： សួស្ដី បងផុន។តើបងមានក្ដីសុបិនទេ?

ផុន： បាទ បងចង់ក្លាយទៅជាអ្នកប្រវត្តិវិទ្យាដ៏ពូកែម្នាក់។ ចុះអូនវិញ?

លក្ខី： ចាស ខ្ញុំគឺចង់ធ្វើជាគ្រូបង្រៀននៅសាលាមត្តេយ្យ។

ផុន： ចាស ខ្ញុំគិតថាក្ដីសុបិនមានតម្លៃនិងមានន័យណាស់សម្រាប់ជីវិតយើង។

លក្ខី： បាទ មែនហើយ។ ឪនគិតថាយើងគួរគ្រប់ផ្ដោតអារម្មណ៍ ត្រូវមានឆន្ទៈ និងមិនព្រញរាចំពោះឧបសគ្គដើម្បីសម្រេចក្ដីសុបិនយើង។

ផុន： គិតជាបែបហ្នឹងមែនហើយបួន ធ្វើអ៊ីចឹងទើបសុបិនអាចក្លាយជាការពិតបាន។

លក្ខី: ចាស បង។

២. ការអនុវត្តក្ដីសុបិន
情景2 构建理想

លក្ខី: តាមពិតទៅ មនុស្សយើងម្នាក់ៗសុទ្ធតែមានក្ដីសុបិនខ្លួនពេលនៅក្មេង។ ពិតមែនទេបង?

ឆុន: បាទ លក្ខី។ ពិតមែនហើយបូន។ ប៉ុន្តែមនុស្សតិចណាស់ដែលអាចបង្កើតក្ដីសុបិនរបស់ខ្លួនទៅជាការពិត។

លក្ខី: ចាស បង។ ព្រោះអ្នកខ្លះបានត្រឹមតែគិត ប៉ុន្តែមិនហ៊ានចាប់ផ្ដើមអនុវត្តក្ដីសុបិនខ្លួនឯងនោះទេ។

ឆុន: បាទ ប្អូន។ ទាំងនេះគឺដោយសារពេលខ្លះមនុស្សយើងខ្វះការប្ដេជ្ញាចិត្ត និងការតាំងចិត្តហ្នឹងណា ឬក៏ដោយសារកង្វះខាតឱកាស។

លក្ខី: ត្រូណាស់បង! ឱកាស គឺទុកឱ្យតែមនុស្សដែលត្រូវបានរៀបចំបានទុកជាមុនទេ។ ហើយបើយើងគ្មានជំហររឹងមាំទេ នោះក្ដីសុបិននឹងមិនអាចឈានទៅដល់គោលដៅឡើយ។

ឆុន: បាទ ពិតជាអ៊ីចឹងហើយប្អូន។

លក្ខី: ដូច្នេះ យើងត្រូវតែអនុវត្តតាមក្ដីសុបិនរបស់ខ្លួនឱ្យច្បាស់លាស់ទាំងកម្លាំងកាយទាំងកម្លាំងចិត្ត។

ឆុន: បាទ បងគកភាពតាមគំនិតនេះមួយរយភាគរយ ព៉ីព្រោះពេលវេលាមិនរង់ចាំយើងឡើយ។

លក្ខី: ចាស បង។

មេរៀនទី១២ ក្ដីសុបិនខ្ញុំ 第十二课 我的理想 79

គ. ការសម្រេចក្ដីសុបិន
情景3 实现理想

លក្ខី: បងចុន តើបងគិតថាធ្វើម៉េចទើប
សម្រេចក្ដីសុបិនឱ្យចេញជាលទ្ធផល
បាន?

ចុន: បាទ លក្ខី។ ទី១ យើងត្រូវតាំងចិត្ត។
ទី២ យើងត្រូវដាក់ផែនការ និងទី៣
យើងត្រូវអនុវត្តតាមផែនការ គឺយើង
អនុវត្តពីរឿងតូចតាចប្រចាំថ្ងៃទៅ
រហូតដល់ការសម្រេចក្ដីសុបិនដ៏ធំ
ធេងរបស់យើង។

លក្ខី: ចាស គឺពិតជាអ៊ីចឹងមែន ព្រោះគ្មាន
ផ្លូវកាត់ផ្សេងក្រៅពីការអនុវត្តទេ កាន់តែធ្វើ គឺកាន់តែចេះ។

ចុន: បាទ ប្អូន។ ម្យ៉ាងទៀត យើងមិនត្រូវអួតសប្បាយពេលវេលាយូរទេ ត្រូវឆាប់
ដើរទៅរកក្ដីសុបិននោះ។

លក្ខី: ចាស បង។ ថ្ងៃនេះ អរគុណបងណាស់ដែលបានចែករំលែកចំណេះដឹងនឹង
ប្អូន។

ចុន: បាទ មិនអីទេប្អូន។

២. ពាក្យថ្មី
二、生词

ក្ដីសុបិន ន. 梦想，理想
សាលាមត្តេយ្យ ន. 幼儿园

អ្នកប្រវត្តិវិទ្យា	ន.	历史学家
តម្លៃ	ន.	价值，价格
ន័យ	ន.	意义，含义
ផ្តោត	កិ.វិ.	朝向，针对
ឧស្សាហ៍៖	ន.	毅力，决心
រញ៉រ	កិ.	害怕，气馁
ឧបសគ្គ	ន.	困难
ក្លាយ	កិ.	变成，变化
ហ៊ាន	កិ.	敢于（做某事）
អនុវត្ត	កិ.	实行，实现
ចាប់ផ្តើម	កិ.	开始，使开始
ជំហរ	ន.	立场
រឹងមាំ	គុ.	坚定的，坚固的
ឈាន	កិ.	朝向
គោលដៅ	ន.	目标
តាំងចិត្ត	កិ.	下决心
ផែនការ	ន.	计划
លទ្ធផល	ន.	成果
តូចតាច	គុ.	微小的
ធំធេង	គុ.	大的，巨大的
ប្រចាំថ្ងៃ	គុ.	每天的
ផ្លូវកាត់	ន.	捷径，近路
កាន់តែ	និ.	越来越……

៣. ពាក្យថ្មីពាក់ព័ន្ធ
三、拓展词汇

គំនិត	思维	ស្មារតី	精神
មនោសញ្ចេតនា	感情	សេចក្តីសង្ឃឹម	愿望
កតវេទី	感激	កតញ្ញូ	感恩
សម្រេចចិត្ត	决心	ប្តេជ្ញាចិត្ត	决心，意愿
ហេតុផល	理由	ការយល់ឃើញ	看法
អត្តនោម័ត	主观	សត្យានុម័ត	客观
ការវែកញែក	分析	អំពើ	行为
ចរិត	品德	សីលធម៌	德行
សមត្ថភាព	能力		

៤. លំហាត់
四、练习

请根据以下情景，用柬埔寨语进行对话。

情景 1
　　占塔是一名在中国学习中文的柬埔寨留学生，他从小的愿望就是成为一名老师，现在柬埔寨有很多人想学习中文，于是他想毕业后回柬埔寨的高校当一名大学中文老师。为了实现他的理想，他计划本科毕业后继续在中国读研，你鼓励他，希望他能够实现他的理想。

情景 2

你是一名柬埔寨语专业的大学生,你与柬埔寨朋友索披谈论自己的理想。你小时候想成为一名宇航员,但那只是小时候的梦想,现在你对柬埔寨这个国家很感兴趣,想从事跟柬埔寨语专业相关的工作。索披觉得跟自己专业相关、自己又喜欢的工作是一份理想的工作,鼓励你继续努力学习柬埔寨语。

៥. ការបកប្រែ
五、参考译文

情景 1 讨论理想

莱斯美:彤,你有理想吗?
彤: 有啊,我想成为一名出色的历史学家。你呢?
莱斯美:我想做幼儿园老师。
彤: 我觉得,理想对我们的生活具有重要的意义和价值。
莱斯美:是的,为了实现理想,我们要专心致志、坚持不懈,还要不畏艰辛。
彤: 确实如此,这么做才能将理想变成现实。
莱斯美:是的。

情景 2 构建理想

莱斯美:事实上每个人在年轻的时候都有自己的理想。
彤: 但不是所有人都能把自己的理想变成现实。
莱斯美:是的。因为有一些人总是空想,不去着手实现自己的理想。
彤: 是啊,可能是因为缺乏决心和毅力,也可能是因为缺少机会。
莱斯美:机会是留给有准备的人的。如果我们没有坚定的立场,就不能达到既定的目标。

彤： 确实如此。
莱斯美：所以，我们应该全身心投入、清楚明确地构建自己的理想。
彤： 是的，我百分之百同意你这个想法，因为时不我待。
莱斯美：是的。

情景 3　实现理想

莱斯美：彤，你觉得，怎样才能实现理想呢？
彤： 首先，我们要下定决心；然后，我们要制订计划；再者，我们要执行计划，从日常小事做起，直到实现自己的理想目标。
莱斯美：确实如此，因为没有捷径可走，熟能生巧。
彤： 另外，我们不应该浪费太多时间在不必要的事情上，要直达目标。
莱斯美：今天谢谢你给我分享了那么多的心得。
彤： 不客气。

六、你知道吗

柬埔寨语又称高棉语。《柬埔寨王国宪法》第五款明确规定：柬埔寨王国的国家官方语言和文字为高棉语(Khmer)，也称柬埔寨语，属于南亚语系孟-高棉语族。现代柬埔寨语以柬埔寨首都金边音为标准语，以柬埔寨中部高棉语为基础方言。在柬埔寨，大约 90% 的人口（1200 万人左右）使用高棉语，在泰国、老挝和越南也有约 200 万的使用者。

មេរៀនទី១៣ ការសួររកផ្លូវ
第十三课　问路

扫码收看视频

១. ការសន្ទនា
一、情景对话

ក. ការសួរផ្លូវទៅកាន់សាកលវិទ្យាល័យភូមិន្ទភ្នំពេញ
情景 1　去金边皇家大学怎么走

លក្ប្មី:　ជម្រាបសួរ បងជុន។ តើសាកល
វិទ្យាល័យភូមិន្ទភ្នំពេញនៅមុំ
ណា?

ជុន:　បាទ ឪនា គឺនៅតាមបណ្ដោយ
ផ្លូវសហព័ន្ធរុស្ស៊ី ជិតស្ថានអាកាស
៧មករា។

លក្ប្មី:　បើខ្ញុំដើរពីប្រឡានយន្តហោះ តើខ្ញុំ
ត្រូវចំណាយរយៈពេលប៉ុន្មាន?

ជុន:　អូ បើបូនដើរទៅ គឺត្រូវចំណាយពេលវេលាជិត១ម៉ោងទើបទៅដល់។

លក្ប្មី:　ចុះបើខ្ញុំជិះម៉ូតូឧប ឬ តុកតុក តើខ្ញុំត្រូវចំណាយរយៈពេលប៉ុន្មាន?

ជុន:　បាទ ប្រហែលជា៣០នាទី គឺបូននឹងទៅដល់ទីនោះហើយ។

លក្ប្មី:　អីចឹង! ខ្ញុំនឹងជិះតុកតុកទៅក៏បានដែរ ដើម្បីឆាប់បានទៅដល់ទីនោះ។

មេរៀនទី១៣ ការសួរកផ្លូវ 第十三课 问路 85

ឆុន ៖ បាទ ប្អូន ដូច្នេះប្អូនជិះតុកតុកទៅចុះ ចំណាយប្រហែល១២០០០រៀលនឹង
ដល់ហើយ។

លក្ស្មី ៖ ចាស បង សូមអរគុណច្រើនណាស់។ អុីចឹង! ខ្ញុំសូមជម្រាបលាបងសិន
ហើយ។

ឆុន ៖ បាទ ប្អូន។ លាសិនហើយ។

ខ. ការសួរកផ្លូវទៅកាន់ព្រះបរមរាជវាំង
情景2　去皇宫怎么走

អ្នកឆត់ម៉ូតូឌុប ៖ ជម្រាបសួរ ប្អូន។
តើប្អូនប្រុងទៅណាដែរ?

លក្ស្មី ៖ ជម្រាបសួរបង! ខ្ញុំប្រុង
ទៅព្រះបរមរាជវាំង។
តើព្រះបរមរាជវាំងនៅមុំ
ណា?

អ្នកឆត់ម៉ូតូឌុប ៖ បាទប្អូន! ព្រះបរមរាជវាំងនៅឃ្លែវទន្លេចតុមុខហ្នឹងណា។

លក្ស្មី ៖ អុីចឹង! ពីទីនេះទៅព្រះបរមរាជវាំង! បងយកថ្លៃប៉ុន្មាន?

អ្នកឆត់ម៉ូតូឌុប ៖ បាទ ប្អូន គឺ១០០០០រៀល។

លក្ស្មី ៖ ៨០០០រៀលបានទេបង ព្រោះខ្ញុំនឹងជិះម៉ូតូបងមកវិញទៀតា។

អ្នកឆត់ម៉ូតូឌុប ៖ បាទ បាន! ដូច្នេះ ទាំងទៅទាំងមកគឺ១៦០០០រៀល។

លក្ស្មី ៖ ចាស បង។អរគុណច្រើន។

គ. ការសួរផ្លូវទៅកាន់ស្ថានទូតចិន
情景3　去中国大使馆怎么走

លក្ស្មី ៖ ជម្រាបសួរ បងឆុន។

តើបងដឹងថាស្ថាន
ទូតចិននៅឯណា
ទេ?

ផុន៖ ជម្រាបសួរ ប្អូន។ ស្ថាន
ទូតចិន គឺនៅមុំទូល
ទំពូងហ្នឹងណា។

លក្ខី៖ បីអុីចឹងបងមាន
ព័ត៌មានលម្អិតនៃអាសយដ្ឋានស្ថានទូតចិនទេ?

ផុន៖ គ្មានទេប្អូន! និយាយរួមទៅ ស្ថានទូតចិនគឺស្ថិតនៅខាងកើត
ស្ងបផ្សារដើមគរ។

លក្ខី៖ អូ អុីចឹងស្ថានទូតចិនស្ថិតនៅតាមបណ្ដោយផ្លូវម៉ៅសេទុងមែនទេបង?

ផុន៖ បាទប្អូន ពិតជាត្រឹមត្រូវហើយ។ ប្អូនជាមនុស្សពូកែមែន។

លក្ខី៖ អរគុណបង។ដូច្នេះ ខ្ញុំដឹងហើយ ហើយខ្ញុំនឹងអាចរកទីនោះឃើញ។

ផុន៖ បាទប្អូន ហើយបើប្អូនមិនច្បាស់ទេ ប្អូនអាចសួរអ្នកនៅមុំនោះឬឆែកមើល
ទូរស័ព្ទបន្ថែមទៀតបាន។

លក្ខី៖ ចាស !សូមអរគុណច្រើនបង !

២.ពាក្យថ្មី
二、生词

សាកលវិទ្យាល័យភូមិន្ទភ្នំពេញ	ន.	金边皇家大学
បណ្ដោយ	ន.	长度，纵向
សហព័ន្ធ	ន.	联盟，同盟
ស្ថានអាកាស	ន.	立交桥

ប្រលានយន្តហោះ	ន.	机场
ម៉ូតូឌុប	ន.	摩托车
តុកតុក	ន.	突突车
ព្រះបរមរាជវាំង	ន.	皇宫
ស្ថានទូត	ន.	使馆
ទួលទំពូង	ន.	株德奔市场（地名）
ផ្សារដើមគរ	ន.	沙哥南市场（地名）

៣. ពាក្យថ្មីពង្រីកព័ន្ធ
三、拓展词汇

កើត	东	លិច	西
ត្បូង	南	ជើង	北
អាគ្នេយ៍	东南	ឦសាន	东北
និរតី	西南	ពាយព្យ	西北
លើ	上	ក្រោម	下
ឆ្វេង	左	ស្ដាំ	右
កណ្ដាល	中间	ក្នុង	里
ក្រៅ	外	មុខ	前
ក្រោយ	后		

៤. លំហាត់
四、练习

请根据以下情景,用柬埔寨语进行对话。

占塔是来自柬埔寨的留学生,他第一天到学校报到,想从下图中的学校大门(A 点)到宿舍楼门口(B 点),由于对学校不熟悉,需要向路人问路,他正好碰到柬埔寨语专业的你,请你为占塔指出正确的路线。

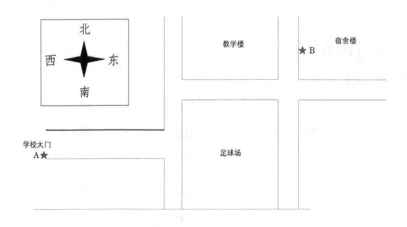

៥. ការបកប្រែ
五、参考译文

情景 1　去金边皇家大学怎么走

莱斯美:彤,你知道金边皇家大学在哪儿吗?
彤:　　在俄罗斯大道的马卡拉立交桥附近。
莱斯美:如果从机场出发,步行需要多长时间?
彤:　　走路需要一个小时。
莱斯美:如果坐摩托车或突突车要花多长时间?

彤：　　　大概 30 分钟就能到。
莱斯美：为了快点儿到目的地，我就坐突突车好了。
彤：　　　你坐突突车去的话，大概要花 12000 瑞尔。
莱斯美：好的，非常感谢。我先走了。
彤：　　　再见。

情景 2　去皇宫怎么走

摩托车司机：　您好，请问您去哪儿？
莱斯美：　　　你好，我去皇宫。
摩托车司机：　好的，上车吧。
莱斯美：　　　从这里到皇宫要多少钱？
摩托车司机：　10000 瑞尔。
莱斯美：　　　8000 瑞尔可以吗？我可以坐你的摩托车回来。
摩托车司机：　好的，一来一回的话，是 16000 瑞尔。
莱斯美：　　　好的，多谢。

情景 3　去中国大使馆怎么走

莱斯美：彤，你知道中国大使馆在哪儿吗？
彤：　　在株德奔市场那边。
莱斯美：你有详细的地址信息吗？
彤：　　没有。不过我记得中国大使馆在沙南哥市场路口的东面。
莱斯美：是不是在毛泽东大道上？
彤：　　是的，你真聪明。
莱斯美：谢谢！我大概明白了，应该能找到。

彤：　　如果你还不清楚，你可以去问问那边的人，或者用手机导航一下。
莱斯美：好的，多谢。

៦.តើអ្នកដឹងទេ
六、你知道吗

  柬埔寨的门牌地址顺序与中国正好相反。先是门牌号，然后是街道名称，接下来是分区和区。比如"ផ្ទះលេខ…ផ្លូវ…សង្កាត់…ខណ្ឌ…"翻译成为"……号……路……分区……区"。

  柬埔寨人喜欢用历史人物的名字来命名街道，例如金边市的几条著名的街道："មហាវិថីព្រះបាទនរោត្តម"诺罗敦大道，"មហាវិថីព្រះបាទសុរាម្រិត"苏拉马里特大道，"មហាវិថីព្រះបាទសីហនុ"西哈努克大道，"មហាវិថីព្រះបាទស៊ីសុវត្ថិ"西索瓦大道。除此之外，还有以国家来命名的街道，例如"មហាវិថីសហព័ន្ធរុស្ស៊ី"俄罗斯大道，"មហាវិថីឆេក"捷克大道，"ផ្លូវបារាំង"法兰西街。

មេរៀនទី១៤ គមនាគមន៍
第十四课　交通工具

扫码收看视频

១. ការសន្ទនា
一、情景对话

ក. ការជិះម៉ូតូកង់បី
情景1　坐三轮车

លក្ខី： សួស្តី ពូ! ពីទីកន្លែងទៅស្ទឹងមានជ័យតើពូយកថ្លៃប៉ុន្មាន?

អ្នកព័ត៌ម៉ូតូកង់បី： សួស្តី ក្មួយ! ពីទីកន្លែងទៅស្ទឹងមានជ័យថ្លៃ១០០០០រៀល។

លក្ខី： ខ្ញុំគិតថា ថ្លៃពេកហើយពូ ព្រោះលើកមុនខ្ញុំជិះម៉ូតូឌុបតែ៥០០០រៀលតើ។

អ្នកព័ត៌ម៉ូតូកង់បី： ម៉ូតូឌុប គឺពិតជាថ្លៃប៉ុណ្ណឹងមែន ប៉ុន្តែម៉ូតូកង់បី គឺថ្លៃជាងម៉ូតូឌុបណាក្មួយ។

លក្ខី： ហេតុអ្វីបានជាថ្លៃជាងម៉ូតូឌុប ពូ?

អ្នកព័ត៌ម៉ូតូកង់បី： បាទ ក្មួយ ព្រោះម៉ូតូកង់បីសុីសាំងជាងម៉ូតូឌុប ហើយក៏សុវត្ថិ

ភាពជាម៉ូតួឧបដែរ។

លក្ខី : អូ ខ្ញុំយល់ហើយៗ។ ដូច្នេះ ១០០០០រៀលក៏បានដែរ ប៉ុន្តែសូមព្
កុំបើកបរលឿនពេក។

អ្នកបត់ម៉ូតូកង់បី : សូមកុំបារម្ភអី គុយ ព្ញបើកបរមិនលឿនទេ ព្រោះព្ញគេងតែគិតពី
សុវត្ថិភាពជានិច្ច។

លក្ខី : ព្ញនិយាយអ៊ីចឹង ខ្ញុំវិករាយណាស់ ព្រោះខ្ញុំឃើញថា អ្នកបើកបរ
មួយចំនួនបើកលឿនៗណាស់។

អ្នកបត់ម៉ូតូកង់បី : បាទ គុយ! សូមគុយទុកចិត្តលើព្ចុះ។

៩. ការជិះយន្តហោះ

情景2 坐飞机

ចុន : សួស្តី លក្ខីប្អូន! កក់
សំបុត្រយន្តហោះហើយ
ឬនៅ ?

លក្ខី : សួស្តី បងចុន! ខ្ញុំបាន
កក់រួចហើយ។ ចុះបង
វិញនោះ?

ចុន : បងក៏កក់រួចហើយដែរ។ អ៊ីចឹង ប្អូនកក់ថ្ងៃទីប៉ុន្មានដែរ ?

លក្ខី : ខ្ញុំកក់ថ្ងៃទី៣ ខែ៩ ម៉ោង២:៤០ល្ងាច។ បងកក់ថ្ងៃណាដែរ?

ចុន : ល្អណាស់ !យើងបានកក់ជើងយន្តហោះថ្ងៃហ្នឹងម៉ោងហ្នឹងដូចគ្នាដែរ។
យើងនឹងទៅជើងជាមួយគ្នា។

លក្ខី : យីស ពិតជាជួនគ្នាល្អណាស់បង។ ខ្ញុំលែងអផ្សុកហើយ។

ចុន : បាទ ប្អូន។ និយាយអ៊ីចឹង រ៉ាលិសយើងអាចដាក់បានទម្ងន់២៥គីឡូក្រាម
មែនទេ ?

មេរៀនទី១៤ គមនាគមន៍ 第十四课 交通工具

លក្ស្មី ៖ ចាស បង ពិតមែនហើយ។
ឆុន ៖ អ៊ីចឹងបងចង់ទិញសម្លៀកបំពាក់សម្រាប់ជូនឪពុកម្តាយហ្នឹងណា។
លក្ស្មី ៖ បងពិតជាកូនប្រុសដែលមានចិត្តកតញ្ញុតាធម៌ចំពោះអ្នកមានគុណមែន។
ឆុន ៖ អរគុណប្អូនដែលសរសើរបង។ ដូច្នេះ ដល់ថ្ងៃទី៩ហ្នឹង យើងនឹងជួបគ្នានៅព្រលានយន្តហោះហើយទៅ Check in ជាមួយគ្នាណា។
លក្ស្មី ៖ ចាស អ៊ីចឹងប្អូនសូមលាសិនហើយ។
ឆុន ៖ បាទ! លាសិនហើយប្អូន។

គ. ការជិះនាវាកម្សាន្ត
情景3 坐游轮

ឆុន ៖ សួស្តី ប្អូនលក្ស្មី! ឡាចនេះដើរលេងកម្សាន្តជាមួយនឹងខ្ញុំទេ?
លក្ស្មី ៖ សួស្តី បងឆុន! បានតើបង! ឡាចនេះខ្ញុំទំនេរល្មម។ តើបងគិតចង់ទៅណា?
ឆុន ៖ បងចង់ជិះនាវាកម្សាន្តតាមដងទន្លេមួង ព្រោះទីនោះខ្យល់ត្រជាក់ស្រួលណាស់។
លក្ស្មី ៖ ល្អតើ បង! ខ្ញុំចាប់អារម្មណ៍ណាស់។ តើយើងជិះកម្សាន្តនៅម៉ោងណាដែរ?
ឆុន ៖ បាទ ប្អូន! យើងនឹងជិះកម្សាន្តនៅមុំព្រះបរមរាជវាំងហ្នឹងណា។
លក្ស្មី ៖ អ៊ីចឹង! យើងគិតជិះកម្សាន្តនៅម៉ោងប៉ុន្មានដែរ?
ឆុន ៖ បងគិតថា ជិះកម្សាន្តនៅម៉ោង ៥:០០ - ៧:០០។ យើងឡើងនាវានៅម៉ោង៥:០០ ហើយចុះនាវានៅម៉ោង៧:០០។ តើពេលថ្ងៃហ្នឹងទេ ប្អូន?
លក្ស្មី ៖ ចាស បង ល្អណាស់។ ពេលថ្ងៃហ្នឹង កម្តៅថ្ងៃត្រជាក់លុមហើយចេងចាំងពណ៌ស្រស់ស្អាតណាស់។

ឆុន ៖ ពិតមែនហើយអូន។ហើយនៅលើនាវាកម្សាន្ត គឺមានអាហារ និងភេសជ្ជៈ ញាំាំទៀតផង។

លក្ខី ៖ ពិតជាទំនងណាស់ បង។ យើងគួរតែហៅមិត្តភក្តិថែមទៀតបានទេបង?

ឆុន ៖ ល្អតើអូន។ បើបានមិត្តភក្តិច្រើន គឺកាន់តែសប្បាយ។

២. ពាក្យថ្មី
二、生词

ទឹកក្លា	ន.	德克拉（地名）
ស្ទឹងមានជ័យ	ន.	士多棉芷（地名）
សាំង	ន.	汽油
សុវត្ថិភាព	ន.	安全
បើកបរ	កិ.	开，驾驶
លឿន	គុ.	快的，速度快的
ពេក	កិ.វិ.	太过……
នាវា	ន.	游船，游轮
ចាប់អារម្មណ៍	កិ.	感兴趣
ចែងចាំង	ន.	霞光，霞

៣. ពាក្យថ្មីពាក់ព័ន្ធ
三、拓展词汇

រទេះភ្លើង	火车	រថយន្ត	汽车
ឡាន	汽车	ឡានក្រុង	公交车
ឡានកាមុង	卡车	ស៊ីក្លូ	人力车

ម៉ូតូ	摩托车	ទូក	船
កប៉ាល់	轮船	ភ្លើងសញ្ញា	信号灯
ភ្លើងចរាចរ	红绿灯		
ពន្លឺផ្លូវ	路灯		

៤. លំហាត់
四、练习

请根据以下情景，用柬埔寨语进行对话。

你的柬埔寨朋友占塔在广西民族大学留学，他需要到南宁市市民中心办理续签签证（បន្តទិដ្ឋាការ），占塔向你询问如何乘坐公共交通工具到达市民中心，你通过电子地图查询之后向占塔解释了乘车路线、乘车时长和票价（如下图）。

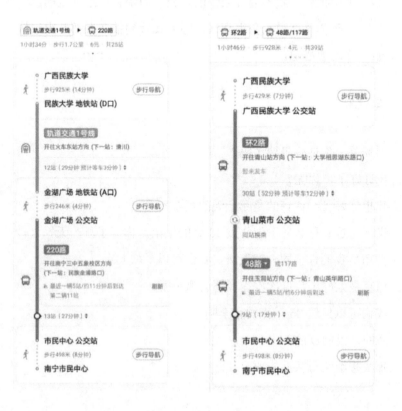

៥. ការបកប្រែ
五、参考译文

情景 1　坐三轮车

莱斯美：　　叔叔你好！从德克拉到士多棉芷要多少钱？

三轮车司机：你好！从德克拉到士多棉芷要 10000 瑞尔。

莱斯美：　　太贵了，上次我坐摩托车才 5000 瑞尔。

三轮车司机：摩托车确实是这个价格，但是三轮车比摩托车贵。

莱斯美：　　为什么比摩托车贵呢？

三轮车司机：因为三轮车比摩托车更耗油，而且比摩托车更安全。

莱斯美：　　我知道了。10000 瑞尔也行吧，但是请你别开太快了。

三轮车司机：不用担心，我不会开太快的，我一向都会注意安全的。

莱斯美：　　听到你这么说，我很高兴，因为我看到很多人都开得很快。

三轮车司机：你就放心吧。

情景 2　坐飞机

彤：　　莱斯美，你订好机票了吗？

莱斯美：我订好了，你呢？

彤：　　我也订好了。你订的是哪一天的机票？

莱斯美：我订的是 9 月 3 号下午 2 点 40 分的机票，你订了哪一天？

彤：　　真巧！我们订了同一架航班。我们可以一块儿走。

莱斯美：那真是太好了！这次旅途我不会孤单了。

彤：　　我们可以托运 25 千克的行李吗？

莱斯美：是的，没问题的。

彤：　　那我想给父母买些衣服。

莱斯美：你真有孝心。

彤：　　谢谢你这么夸我。3 号那天我们在机场集合，一起去值机吧。

莱斯美：好的。

情景 3　坐游轮

彤：　　莱斯美，今天下午你想跟我出去玩儿吗？

莱斯美：可以的，今天下午我有空儿。你想去哪儿呢？

彤：　　我想去坐游轮游览河上美景，因为河面的风非常凉爽。

莱斯美：好啊。我很感兴趣。我们在哪里坐船？

彤：　　我们在皇宫的那一边坐船。

莱斯美：我们坐几点的船？

彤：　　我们可以坐 5：00—7：00 的船，5 点上船，7 点下船。你觉得这个时间段好吗？

莱斯美：很好啊。这个时候，炎热的天气也变得凉爽啦，霞光也很美。

彤：　　确实如此。而且在游船上，还有食物和饮料。

莱斯美：很舒适啊。我们多叫些朋友一起去吧，怎么样？

彤：　　如果有很多朋友那再好不过了。

六、你知道吗

　　在柬埔寨，交通工具的选择多种多样。当地目前有 3 个叫车软件：ITSUMO、PASS 及 GOXPRESS，均可直接在手机软件平台下载。这三款平台都有中文界面，可预约一般的士、摩的及突突车服务，只需明确标明目的地，抵达付费便可。公交车是最安全、最廉价的交通工具。但目前柬埔寨仅有金边市区开通了三条公交线路，票价均为 1500 瑞尔，运行时间为凌晨 5:30 至晚上 8:30，约 10 到 15 分钟一班。坐突突车也是一种热门的交通方式。目前金边的突突车都安装上了防护栏，相比过去要安全很多。但切记一定要先与突突车司机谈好价钱再上车，而且必须要准备好充足的零钱或直接把谈好的价钱用美金或柬币让司机看，避免引起误会。

មេរៀនទី១៥ ម្ហូបអាហារ
第十五课 饮食

扫码收看视频

១. ការសន្ទនា
一、情景对话

ក. ម្ហូបអាហារនៅគេហដ្ឋាន
情景1 在厨房做饭

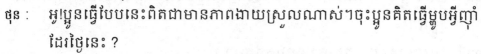

ផុន៖ សួស្តី ប្អូន! ព្រឹកនេះទៅផ្សារទេ?

លក្ខី៖ សួស្តី បង! ខ្ញុំអត់ទៅទេ! ព្រោះម្សិលមិញខ្ញុំបានទិញសាច់ត្រី សាច់គោ និងបន្លែទុកក្នុងទូទឹកកករួចហើយ។

ផុន៖ អូ!ប្អូនធ្វើបែបនេះពិតជាមានភាពងាយស្រួលណាស់។ ចុះប្អូនគិតធ្វើម្ហូបអ្វីញាំដែរថ្ងៃនេះ?

លក្ខី៖ ថ្ងៃនេះខ្ញុំស្ងោរត្រកួនសាច់គោនិងឆ្អើរបង្កងមេចខ្ទីះញាំម្តង។

ផុន៖ ប្អូនពិតជាឆ្លាតណាស់។ ថ្ងៃក្រោយជួយបង្រៀនបងធ្វើបង្កងផង។

លក្ខី៖ ចាសបាន បង។ និយាយអ៊ីចឹងបងថ្ងៃនេះ គិតចង់ធ្វើម្ហូបអ្វីដែរទៅ?

ផុន៖ បាទប្អូន! ថ្ងៃនេះ បងឆាក្តៅសាច់មាន់ញាំម្តង ព្រោះខានញាំម្ហូបនេះយូរហើយ។

លក្ម្មី: ខ្ញុំចង់ញុំាំដែរ បង។ អុីចឹងពេលធ្វើឆ្អិនហើយ យើងញុំាំជុំគ្នាតែម្ដងបានទេ?
ផុន: បានតើ ប្អូន! យើងទៅធ្វើមូបរៀងខ្លួនសិន។ បន្តិចទៀតជួបគ្នា។
លក្ម្មី: ចាស បង!

៨. មូបអាហារនៅអាហារដ្ឋាន
情景2　在小食店吃饭

លក្ម្មី: សួស្ដី បងផុន! ហើយបងទៅណាដែរ ហ្នឹង?
ផុន: សួស្ដី ប្អូនលក្ម្មី! គឺបងទៅញុំាំបាយ ហ្នឹងណា។
លក្ម្មី: អុីចឹង ថ្ងៃនេះបងមិនធ្វើមូបញុំាំខ្លួនឯងទេ?
ផុន: បាទ ថ្ងៃនេះមិនធ្វើមូបញុំាំខ្លួនឯងទេ! ព្រោះបងរវល់ពេក។
លក្ម្មី: ខ្ញុំក៏អុីចឹងដែរ។ ហើយឥឡូវបងគិត ទៅញុំាំនៅណា?
ផុន: បងទៅញុំាំនៅអាហារដ្ឋានក្បែរសាលារៀនយើងហ្នឹងណា។
លក្ម្មី: អុីចឹង ខ្ញុំទៅញុំាំជាមួយនឹងបងដែរ។
ផុន: បាទ ប្អូន។ នៅអាហារដ្ឋាននោះមានមូបកម្ដៅនិងមូបឆ្អិនស្រាប់ ឆ្ងាញ់ណាស់ ប្អូន។
លក្ម្មី: ឆ្ងាញ់ណាស់ បង ។ដូច្នេះ: ខ្ញុំចង់សាកម្ដង។
ផុន: បាទ។ តើប្អូនចង់ញុំាំមូបអ្វីដែរ?
លក្ម្មី: ខ្ញុំចង់ញុំាំសម្លកុងឃ្យាំបង្គានិងត្រីអណ្ដែងអាំងជ្រក់ស្វាយណាបង។
ផុន: អុីចឹង គោះ យើងទៅតែម្ដងទៅ។
លក្ម្មី: ចាស បង!

មេរៀនទី១៥ ម្ហូបអាហារ 第十五课 饮食 101

គ. ម្ហូបអាហារនៅភោជនីយដ្ឋាន
情景3　在餐厅里吃饭

ឆុន： សួស្ដី!ពួកយើងដូចជាខាន
ទៅញាំអាហារនៅ
ភោជនីយដ្ឋានយូរហើយ។

លក្ខី： ចាស! ពិតមែនហើយ បង។ តើ
បងឆុនចង់ទៅញ៉ាំនៅ
ភោជនីយដ្ឋានទេ?

ឆុន： ចង់តើ ប្អូន។ ព្រោះល្ងាចនេះ
បងទំនេរស្មើ។ តើប្អូនទៅញ៉ាំជុំគ្នាជាមួយនឹងបងទេ?

លក្ខី： ចាស បង ។ ខ្ញុំនឹងទៅជាមួយបងដែរ។ ចុះបងចង់ទៅភោជនីយដ្ឋានមួយណា?

ឆុន： បងចង់ញ៉ាំនៅភោជនីយដ្ឋានទន្លេបាសាក់។ ប្អូនគិតថានៅទីនោះយ៉ាងម៉េច
ដែរ?

លក្ខី： នៅទីនោះល្អតើបង ព្រោះទីនោះមានតម្លៃសមរម្យ និងមានអនាម័យល្អ
ណាស់។

ឆុន： បាទ ពិតមែនហើយ ប្អូន។ ម្យ៉ាងទៀត នៅទីនោះក៏មានសេវាកម្មប្រើភ្ញៀវល្អ
ដែរ។

លក្ខី： ចាស បង ដូច្នេះយើងសម្រេចអីចឹងចុះ។

ឆុន： បាទ ប្អូន! ល្ងាចដូចគ្នាណា។

លក្ខី： ចាស បង។

២. ពាក្យថ្មី
二、生词

ទូទឹកកក	ន.	冰箱
បង្អែម	ន.	甜品
ចេក	ន.	香蕉
ខ្ទិះ	ន.	椰汁，椰浆
ម្ហូបកម្ដៅ	ន.	凉菜
ម្ហូបឆ្អិន	ន.	熟食
សម្លតុងយាំបង្គង	ន.	冬阴功汤
ត្រីអណ្ដែង	ន.	鲶鱼
ជ្រក់	ន.	酸菜，泡菜
ភោជនីយដ្ឋាន	ន.	餐厅，饭馆儿
អនាម័យ	ន.	卫生
ម្យ៉ាងទៀត		另外，除此之外（口语）
សេវាកម្ម	ន.	服务业
បម្រើ	កិ.	服务

៣. ពាក្យថ្មីពាក់ព័ន្ធ
三、拓展词汇

ផ្អែម	甜	ជូរ	酸
ប្រៃ	咸	ល្វីង	苦
ចត់	涩	ហឹរ	辣
ឆ្អាប	腥	ក្រអូប	香

សុយ	臭	ឆ្ងាញ់	好吃的
ស៊ីអ៊ីវ	酱油	អំបិល	盐
ខ្ទឹម	大蒜	ទឹកខ្មេះ	醋

៤. លំហាត់
四、练习

请根据以下情景，用柬埔寨语进行对话。

彤和莱斯美第一次到一家柬埔寨餐厅用餐，他们看了菜单之后让服务员推荐餐厅的特色菜，服务员推荐了阿莫克鱼、罗勒炒牛肉、鱼肉酸汤，彤和莱斯美决定尝试一下。他们俩另外点了炒蔬菜、一份炒面和两杯冰咖啡，冰咖啡不加糖。结束用餐后付款，并要求服务员打包未吃完的食物。

៥. ការបកប្រែ
五、参考译文

情景 1　在厨房做饭

彤：　　你好！今天早上去市场吗？
莱斯美：你好！我不去市场。我昨天买了一些鱼、牛肉和蔬菜放在冰箱里了。
彤：　　这样确实很方便。今天你想做什么菜吃？
莱斯美：今天我做炖牛肉和椰汁香蕉甜品。
彤：　　你可真能干啊。以后你教我做甜品吧。
莱斯美：没问题。那你今天想做饭吗？
彤：　　做啊。今天我做辣炒鸡肉，因为我好久没吃这道菜了。
莱斯美：我也想吃。那做完菜后，我们一起吃饭吧。

彤：　　　没问题！那么，我们先各自做饭，然后再碰头吧。
莱斯美：好的。

情景2　在小食店吃饭

莱斯美：你好，彤。你去哪儿？
彤：　　　你好，莱斯美。我去吃饭。
莱斯美：今天你不自己做饭吃吗？
彤：　　　今天我不做饭，因为太忙了。
莱斯美：我也是，现在你想去哪儿吃？
彤：　　　我去学校旁边的小食店吃。
莱斯美：那我和你一起去。
彤：　　　可以。那家小食店有很好吃的凉菜和熟食。
莱斯美：太好了！我正好去尝尝。
彤：　　　好啊，你想吃点儿什么？
莱斯美：我想喝冬阴功汤，吃芒果配炸鲶鱼。
彤：　　　那我们走吧。
莱斯美：好的。

情景3　在餐厅里吃饭

彤：　　　莱斯美，我们好像很久没去下馆子了。
莱斯美：是啊，确实如此。那你想去餐馆吃饭吗？
彤：　　　想啊！今天下午我有空儿，你和我一起去吃饭吗？
莱斯美：好啊，我可以和你一起去。你想去哪个馆子？
彤：　　　我想去百萨河餐厅吃饭。你觉得怎么样？
莱斯美：那地方挺好的，价格合适，而且干净。

彤： 除此之外，那里的服务也很好。
莱斯美：那我们就决定去那里了。
彤： 好的。下午见。
莱斯美：下午见。

៦. តើអ្នកដឹងទេ
六、你知道吗

  高棉菜是柬埔寨的传统料理，通常会使用大量的香草、树叶、腌菜、蘸酱、食用花卉、装饰品和调味品，味道、口感和温度对比鲜明。高棉菜与泰国菜有不少共同之处，但高棉菜较少使用辣椒、糖和椰浆调味。

  柬埔寨与越南有一些共同的菜式，两国的饮食文化均不同程度地受到中国及法国的影响。例如，米粉的多样做法是受到中国菜的影响，法棍面包今天在柬埔寨随处可见。另外，受印度文化影响，柬埔寨还有咖喱菜。柬埔寨人经常用面包，配以扎肉、罐头沙丁鱼或鸡蛋来吃，再加上一杯加了浓缩牛奶的浓咖啡，便是一顿常见的柬埔寨早餐。

មេរៀនទី១៦ ការទៅមើលភាពយន្ត
第十六课　看电影

扫码收看视频

១. ការសន្ទនា
一、情景对话

ក. អំពីភាពយន្ត
情景1　讨论电影

ចន្ថា： សួស្ដី លក្ស្មី! តើអូនប្រឡងចប់ហើយឬនៅ?

លក្ស្មី： សួស្ដី បងចន្ថា! ខ្ញុំប្រឡងចប់ព្រឹកមិញហើយ។

ចន្ថា： ល្អណាស់! បងក៏ប្រឡងចប់ព្រឹកមិញនេះដែរ។

លក្ស្មី： អូ! បងប្រហែលជាមានគម្រោងកម្សាន្តមែនទេ?

ចន្ថា： ពិតមែនហើយ អូន! បងចង់ទៅមើលភាពយន្តម្ដង។

លក្ស្មី： ល្អគើ បង! ហើយចុះយប់នេះបងចង់មើលរឿងអ្វីដែរ?

ចន្ថា： បងពូថា យប់ហ្នឹងមានបញ្ចាំងរឿងនេសាទក្រពើហើយចង់មើលរឿងនេះ។

លក្ស្មី： ពេលមុនគេផ្សាយតាមទូរទស្សន៍អំពីរឿងនេះដែរ។រឿងនេះ មានគួរសម្ដែង ល្អៗណាស់។

ចន្ថា： ចុះបងជួយបើកប្រាប់បន្តិចមើលមានគួសម្ដែងណាខ្លះ?

មេរៀនទី១៦ ការទៅមើលភាពយន្ត 第十六课 看电影 107

លក្ស្មី ៖ ចាស។ មានលោក ព្រាប សុវត្តិ ដែលជាកំពូលតារាចម្រៀងនិងមានស្រីនាង ឱ សារ៉េត ទៀតផង។

ចន្ទា ៖ អូ! ប្រហែលជាល្អមើលជក់ចិត្តដឹតអារម្មណ៍ហើយបង។

ខ. ការបបួលគ្នាទៅមើលភាពយន្ត
情景 2　相约去看电影

ចន្ទា ៖ លក្ស្មី! ល្ងាចនេះទំនេរទេ?

លក្ស្មី ៖ ល្ងាចនេះខ្ញុំទំនេរ។ តើបងមានការអ្វី?

ចន្ទា ៖ បងចង់បបួលអូនទៅមើលភាពយន្តជាមួយគ្នា!

លក្ស្មី ៖ មានអីបង?ចុះបងគិតថា ទៅមើលនៅម៉ោងប៉ុន្មាន!

ចន្ទា ៖ បងគិតថា ទៅមើលនៅម៉ោង៦:០០ដល់ម៉ោង៨:៣០នាទី។

លក្ស្មី ៖ បាន បង! និយាយអ៊ីចឹង! យើងមើលនៅរោងភាពយន្តមួយណា?

ចន្ទា ៖ បាទ អូន! ពួកយើងទៅមើលនៅរោងភាពយន្តលុច្ស។

លក្ស្មី ៖ តើបងដឹងថា រោងភាពយន្តលុច្សនោះនៅម៉្តុំណាដែរ?

ចន្ទា ៖ នៅខាងជើងមានងកវង្ស
តាមបណ្ដោយផ្លូវនរោមត្កុម។

លក្ស្មី ៖ ខ្ញុំស្គាល់ហើយបង ព្រោះខ្ញុំក៏ ធ្លាប់ធ្វើដំណើរឆ្លងកាត់ទីនោះ ដែរ។

ចន្ទា ៖ ល្អណាស់! ដូច្នេះ ល្ងាចជួប គ្នាណាអូន។

លក្ស្មី ៖ ចាស បង ល្ងាចយើងជួបគ្នា។

គ. ការជជែកអំពីតារាភាពយន្ត
情景 3 讨论看电影的感受

ចន្ទា: លក្ខី ! យប់មិញមើលរឿងភាពយន្តសប្បាយទេ ?

លក្ខី: ចាស បង ! សប្បាយខ្លាំងណាស់។ ចុះបងវិញនោះ ?

ចន្ទា: បងក៏ដូចអូនដែរ ! បានមើល
ហើយចង់មើលម្តងទៀត។

លក្ខី: ហ្នឹងហើយបង ព្រោះរឿង
《នេសាទក្រពើ》 ល្អមើល
ណាស់។

ចន្ទា: ចុះអូនងងិតថា តួសម្តែងនៅ
ក្នុងរឿងនោះយ៉ាងម៉េចដែរ ?

លក្ខី: ខ្ញុំគិតថា តួសម្តែងពិតជាស
ម្តែងបានល្អសមខ្លាំងណាស់។
ពិសេសលោក ប្រាប់ សុវត្ថិពិត
ជាសង្ហាណាស់។

ចន្ទា: មែនហើយ ! ខ្ញុំក៏ចូលចិត្តរូបគ្នាស្នេហាក្នុងរឿងនេះតែម្តង។

លក្ខី: ចាស បង ! ចុះបងគិតថារឿងនេះមានអត្ថន័យយ៉ាងម៉េចដែរ ?

ចន្ទា: បងគិតថា មានអត្ថន័យអប់រំឱ្យយើងធ្វើអំពើល្អនិងចេះដឹងគុណ។

លក្ខី: ចាស បង។ម្យ៉ាងទៀតក៏បានអប់រំយើងចេះតស៊ូក្នុងជីវិតផងដែរ។

ចន្ទា: បាទ ។ចាំពេលទំនេរយើងដើរមើលភាពយន្តជាមួយគ្នាម្តងណា។

លក្ខី: ចាស បង។

២. ពាក្យថ្មី
二、生词

ភាពយន្ត	ន.	电影
ប្រឡង	កិ.	考试
ចប់	កិ.	完结，结束
ក្រពើ	ន.	鳄鱼
បញ្ចាំង	កិ.	放映
តួសម្តែង	ន.	演员
បង្កើប	កិ.	微开，半开
តារា	ន.	明星
ចម្រៀង	ន.	歌曲
ជក់ចិត្ត	គុ.	摄人心魄的，吸引人的
បបួល	កិ.	邀请
វិមានឯករាជ្យ	ន.	独立纪念碑（地名）
នរោត្តម	ន.	诺罗敦（人名）
រោងភាពយន្ត	ន.	电影院
វគ្គ	ន.	段，节，部分
អត្ថន័យ	ន.	含义，内涵
អំពើ	ន.	行为

៣. ពាក្យថ្មីពាក់ព័ន្ធ
三、拓展词汇

ពិធីបញ្ចាំងលើកដំបូង 首映式   ភាពយន្តខ្លាច 恐怖片

ភាពយន្តស្នេហា	爱情片	ភាពយន្តព្រឺព្រួច	惊悚片
ភាពយន្តកំប្លែង	喜剧片	ភាពយន្តសង្គ្រាម	战争片
ភាពយន្តគំនូរជីវចល	动画片	ភាពយន្តវាយតប់	动作片
ភាពយន្តឯកសារ	纪录片	ភាពយន្តជូនពរឆ្នាំថ្មី	贺岁片
កម្មវិធីសិល្បៈចម្រុះ	综艺节目	កម្មវិធីរើសអ្នកកន្ទើម	选秀节目
ភាពយន្តប្រឌិតផ្នែកវិទ្យាសាស្ត្រ	科幻片		
កម្មវិធីសំណេះសំណាល	访谈节目		

៤. លំហាត់
四、练习

请根据以下情景，用柬埔寨语进行对话。

彤和莱斯美一起到力士电影院观影，他们想看 3D 电影《美国队长》。买票时，彤提议选择影厅后部的位置，以便更好地观影。莱斯美提议买些爆米花，边看电影边吃。电影结束后，两人交流看电影后的感想。

៥. ការបកប្រែ
五、参考译文

情景 1　讨论电影

占塔：　你好，莱斯美。你考完试了吗？

莱斯美：你好，占塔。我昨天早上考完试了。

占塔：　我昨天早上也考完试了。

莱斯美：你有什么娱乐计划吗？

占塔：　有啊。我想去看电影。

莱斯美：好呀，今天晚上你想看哪部电影？
占塔： 听说今晚要放映《鳄鱼》，我想去看。
莱斯美：前段时间电视上放过这部影片，里面有很多大牌明星。
占塔： 那请你悄悄透露一下有哪些明星？
莱斯美：好的，有著名歌星普利亚普·所沃特，还有著名影星狄萨韦。
占塔： 哦，那应该很有意思。

情景2　相约去看电影

占塔： 莱斯美！今天下午有空儿吗？
莱斯美：今天下午我有空儿，你有什么事吗？
占塔： 我想邀请你一起去看电影。
莱斯美：好啊。你想几点去看呢？
占塔： 我想去看6：00到8：30的那场。
莱斯美：可以。我们去哪个电影院？
占塔： 好的，我们去力士电影院看电影吧。
莱斯美：你知道力士电影院在哪里吗？
占塔： 在独立纪念碑北边，在诺罗敦大道上。
莱斯美：我知道了，因为我曾经路过那边。
占塔： 好的，那我们下午见吧。
莱斯美：好的，下午见。

情景3　讨论看电影的感受

占塔： 莱斯美！昨晚看电影开心吗？
莱斯美：很开心，你呢？
占塔： 我也和你一样。看了还想再看一遍。

莱斯美：《鳄鱼》这部电影确实很好看。

占塔：　你觉得这部电影里的演员怎么样？

莱斯美：我觉得这些演员演得很好，特别是普利亚普·所沃特，实在是太帅了！

占塔：　我也喜欢里面的爱情戏。

莱斯美：你觉得这个故事带给我们什么启发吗？

占塔：　这个故事教育我们要行事端正，知恩图报。

莱斯美：是的。并且它还告诉我们要努力克服生活中的困难。

占塔：　我同意。等以后有空儿我们再一起看电影吧。

莱斯美：好的。

៦．តើអ្នកដឹងទេ
六、你知道吗

　　柬埔寨本土的电影业开创于20世纪60年代初期，1960年成立的"柬埔寨影光制片公司"是柬埔寨第一家电影公司，见证了柬埔寨电影业的兴起和黄金时代。2001年柬埔寨本土电影《蟒蛇之子》获得了较大成功，在柬埔寨和泰国都获得了极高的评价。2001年好莱坞电影《古墓丽影》以柬埔寨著名古迹吴哥寺为拍摄地，宏大的对抗场面，新鲜的感官刺激，让柬埔寨电影从业人员对本国自然景观和民族文化重新产生了浓厚的兴趣，并开始挖掘电影创作的新视角。

មេរៀនទី១៧ ការប្រគំតន្ត្រី
第十七课　看演唱会

扫码收看视频

១. ការសន្ទនា
一、情景对话

ក. តារាចម្រៀងពេញនិយម
情景1　讨论当红歌星

លក្ស្មី៖ សួស្ដី បងចន្ថា តើបងកំពុងតែស្ដាប់អ្វី?

ចន្ថា៖ សួស្ដី ប្អូនលក្ស្មី! ឥឡូវខ្ញុំកំពុងស្ដាប់បទចម្រៀងថ្មីរបស់ លោក ព្រាប សុវត្ថិ។

លក្ស្មី៖ ចុះតើបងគិតថា តារាចម្រៀងរបណាពេញនិយម?

ចន្ថា៖ បងនិយម លោក ព្រាប សុវត្ថិ និងកញ្ញា ឱក សុគន្ធកញ្ញា។

លក្ស្មី៖ ខ្ញុំគិតថា លោក ខេមរៈ សេរីមន្ត និងកញ្ញា មាស សុខសោភា ក៏ពេញនិយមដែរ។

ចន្ថា៖ បាទអ្នន! ពួកគាត់សុទ្ធថ្ងៃល្បី និងពេញនិយមខ្លាំងណាស់សម្រាប់យុវជនយើង។

លក្ស្មី៖ ចុះតារាចម្រៀងសង្គមចាស់វិញ តើបងចូលចិត្តតារាចម្រៀងរបណាដែរ?

ចន្ទា : បងចូលចិត្ត សុិន សុីសាមុ កែវ សារ៉ាត់ រស់ សេរីសុជា និងប៉ែន រ៉ន។ ១ ចុះ ប្អូនវិញ?

លក្ខី : ខ្ញុំក៏ដូចបងដែរ ព្រោះពួកគាត់មានទឹកដមសំឡេងពីរោះជាប់ចិត្តខ្លាំង ណាស់។

ចន្ទា : ហ្នឹងហើយ ប្អូន!

៩.ការទិញសំបុត្រចូលទស្សនា

情景 2 买演唱会门票

លក្ខី : សួស្ដី បង! ពេលនេះ តើបង ទំនេរទេ?

ចន្ទា : បាទ! សួស្ដី ប្អូន ពេលនេះ គឺបង ទំនេរល្មម។

លក្ខី : គោះ! ទៅទិញសំបុត្រមើលការ ប្រគុំតន្ត្រីជាមួយនឹងខ្ញុំ។

ចន្ទា : បាទ ប្អូន។ ចុះហេតុអ្វីបានជាប្អូនមិនទិញតាមអុីនធឺណិត?

លក្ខី : ខ្ញុំតែកមើលដែរ ប៉ុន្តែមិនមានលក់សោះ។ ដូច្នេះ ទៅផ្ទាល់តែម្ដងទៅ។

ចន្ទា : បាទ។ តើយើងទៅទិញសំបុត្រនោះនៅឯណា?

លក្ខី : នៅកោះពេជ្រណា បង ព្រោះការប្រគុំតន្ត្រីនេះយប់ហ្នឹងក៏នៅកោះពេជ្រ ដែរ។

ចន្ទា : ប្អូនតាមដានព័ត៌មានបានល្អិតណាស់ ចុះក្នុងម្នាក់ថ្លៃសំបុត្រប៉ុន្មាន?

លក្ខី : ចាស បង! ក្នុងមួយនាក់៥០០០រៀល ប៉ុន្ដែបើយើងទិញពីរនាក់គឺ៨០០០ រៀលម្នាក់។

ចន្ទា : អូចឹង! បើទិញសំបុត្រពីរនាក់ គឺគេបញ្ចុះតម្លៃឲ្យយើងម្នាក់៨០០០រៀល មែន ទេ?

លក្ខ្មី៖ ចាស !ពិតមែនហើយ បង។

គ.ការទស្សនាការប្រគំតន្ត្រី
情景3　谈论看演唱会的感受

លក្ខ្មី៖ បង !ម៉េចដែរ ការប្រគំ
តន្ត្រីនេះសប្បាយទេ ?

ចន្ទា៖ បាទ ប្អូន! សប្បាយគើ!
ព្រោះតារាចម្រៀងច្រៀង
ពីរោះណាស់។

លក្ខ្មី៖ ចុះបងគិតថា តារាចម្រៀង
ណាច្រៀងពីរោះជាងគេ?

ចន្ទា៖ បងគិតថា លោក ខេមរៈ
សេរីមន្តច្រៀងពីរោះជាងគេ។

លក្ខ្មី៖ យប់នេះពិតជាមិនខកបំណងមែន។ ចុះក្បាច់រាំយ៉ាងម៉េចដែរបង?

ចន្ទា៖ ក្បាច់រាំវិញគឺ លោក ប្រាប សុវត្ថិ ពិតជាពូកែខ្លាំងណាស់។

លក្ខ្មី៖ ខ្ញុំគិតថា លោក ប្រាប សុវត្ថិ ច្រៀងក៏ពីរោះ ក្បាច់រាំក៏ល្អ។

ចន្ទា៖ ខ្ញុំចូលចិត្តគាត់ណាស់! គាត់មិនគ្រាន់តែមានទេកោសល្យខាងច្រៀងនិង
ក្បាច់រាំ ប៉ុណ្ណោះទេ ថែមទាំងខិតខំធ្វើការដែរ។

លក្ខ្មី៖ ចាស ! ម្យ៉ាងទៀតតារាចម្រៀងស្រី ស្រស់ស្អាតនិងទឹកដមសំឡេងផ្អែមខ្លាំង
ណាស់។

ចន្ទា៖ បងក៏យល់បែបនេះ ពួកគាត់បានទាំងសម្រស់បានទាំងសំឡេងគួរឱ្យគយគន់
ខ្លាំងណាស់។

២. ពាក្យថ្មី
二、生词

ពេញនិយម	គុ.	受人欢迎的,受人喜爱的
យុវជន	ន.	青年,年轻人
ទឹកដមសំឡេង	ន.	声音
ការប្រគុំតន្ត្រី	ន.	演唱会
ខក	កិ.	过头,错过,耽误,阻挡
ទេពកោសល្យ	ន.	天赋
គយគន់	កិ.	欣赏

៣. ពាក្យថ្មីពាក់ព័ន្ធ
三、拓展词汇

តន្ត្រីទាន់សម័យ	流行音乐	តន្ត្រីបុរាណ	古典音乐
តន្ត្រីញាក់	摇滚乐	ចង្វាក់ហ៊ិបហប់	说唱
ចម្រៀងប្រជាប្រិយ	民歌	ច្រៀងទោល	独唱
ចង្វាក់សព្ទ	旋律	ណោតភ្លេង	乐谱
សាលតន្ត្រី	音乐厅	មហោរី	交响乐
អាល់ប៊ុម	专辑	ទំនុកច្រៀង	歌词
ថាសចម្រៀង	唱片		

៤. លំហាត់
四、练习

请根据以下情景，用柬埔寨语进行对话。

你很喜欢蔡依林，你向柬埔寨朋友占塔介绍蔡依林，并邀请他一起去南宁市体育中心观看蔡依林 7 月 20 日的演唱会，占塔欣然接受邀请。你在网上查看相关信息之后发现票已售罄，于是你们决定在其他网站上碰碰运气，看看有没有人出售多余的演唱会门票。

៥. ការបកប្រែ
五、参考译文

情景 1　讨论当红歌星

莱斯美：你好，占塔。你在听什么？

占塔：　你好，莱斯美。我在听比利·索瓦特的新歌。

莱斯美：那你喜欢哪些歌星？

占塔：　我喜欢比利·索瓦特和奥克·索格夏娜。

莱斯美：我喜欢凯马拉·塞雷蒙和米尔·索绍皮。

占塔：　他俩现在人气非常高呢。

莱斯美：那些老歌手呢，你喜欢谁？

占塔：　我喜欢星西萨木、盖沃·萨拉、洛斯·塞雷索提和班·罗恩。你呢？

莱斯美：我和你一样。因为他们的歌声悦耳，声声入心。

占塔：　是这样的。

情景 2　买演唱会门票

莱斯美：你好，现在你有空儿吗？

占塔：　你好，我现在有空儿。

莱斯美：走吧！我们一起去买演唱会门票吧。

占塔：　你为什么没在网上买票呢？

莱斯美：我上网查过了，网上没有卖，只能自己去一趟。

占塔：　我们去哪里买票？

莱斯美：我们要去钻石岛买票，演唱会就在钻石岛上举办。

占塔：　你的消息可真灵通。一张票多少钱？

莱斯美：一个人 5000 瑞尔，但是如果我们两个人一起买的话，每人只需要 4000 瑞尔。

占塔：　也就是说，如果买双人票，一个人只需要 4000 瑞尔，对吗？

莱斯美：是的，确实如此。

情景 3　谈论看演唱会的感受

莱斯美：怎么样，看演唱会开心吗？

占塔：　很开心，他们唱得都很动听。

莱斯美：你觉得，哪位歌手唱得最好听？

占塔：　我觉得凯马拉·塞雷蒙唱歌很动听。

莱斯美：今天晚上真没让人失望啊。你觉得他们的舞技怎么样呢？

占塔：　跳舞部分，我觉得比利·索瓦特跳得很好。

莱斯美：我也这么认为。比利·索瓦特的歌声动听，舞技也超群。

占塔：　我很喜欢他。他不仅有演唱和舞蹈天赋，而且还很努力。

莱斯美：是啊。今天的女歌手们都很漂亮，嗓音也很甜美。

占塔：　是的。她们今天的服装都太华丽了，并且歌声动人，真是让人赏心悦目啊。

៦．តើអ្នកដឹងទេ
六、你知道吗

　　高棉乐是柬埔寨古典音乐的一种，通常在举行高棉传统婚庆典礼时演奏。人们认为，婚礼上的高棉乐不仅可以带来欢庆的气氛，还能够带给新人祝福和幸福。在结婚典礼上不同的仪式会弹奏不同的曲目，如在新郎和新娘互行合十礼仪式上会演奏《混填与柳叶曲》。这首高棉乐曲源自柬埔寨一个民间故事，相传混填与龙女（即柳叶，柬埔寨第一位女王）在人间举行婚礼登基后，龙王便邀请混填到龙宫赴宴，由于混填不会潜水，于是他抓住龙女的尾巴潜入水中，因此，人们将这首曲子命名为《混填与柳叶曲》。时至今日，在互拜礼仪后新郎都要抓着新娘的凤尾裙裙摆进入婚房。

មេរៀនទី១៨ ល្ខោនខោល
第十八课　看考尔剧

扫码收看视频

១. ការសន្ទនា
一、情景对话

ក. អំពីល្ខោនខោល
情景1　介绍考尔剧

លក្ខី： សួស្ដី បង! តើបងធ្លាប់ឮអំពីល្ខោនខោលទេ?

ឯុន： ពិតជាធ្លាប់ ប្អូន! ហើយបងក៏ធ្លាប់មើលដែរ។

លក្ខី： អ៊ីចឹង! តើល្ខោនខោលជាល្ខោនបែបណាទៅបង?

ឯុន： បាទ ប្អូន! ល្ខោនខោលជាល្ខោនដែលគេពាក់របាំងមុខ។

លក្ខី： ចុះល្ខោនខោលនេះមានប្រវត្តិតាំងពីសម័យដែរទេ?

ឯុន： បាទ មានប្រវត្តិយូរហើយ តាំងពីមុនសម័យអង្គរមកម្ល៉េះ។

លក្ខី： អរគុណបង ដែលបានចំណាយពេលពន្យល់ដល់ប្អូន។

ឯុន： មិនអីទេ ប្អូន! បងរីករាយជានិច្ច។

លក្ខី ៖ ចាស បង! សូមអរគុណ។

ខ. ហេតុអ្វីខ្មែរចូលចិត្តល្ខោនខោល?
情景 2　考尔剧深受欢迎的原因

លក្ខី ៖ សួស្ដី បង ប្អូនចង់ដឹងថា ហេតុអ្វីជនជាតិខ្មែរចូលចិត្តល្ខោនខោល?

ផុន ៖ ព្រោះល្ខោនខោលជាផ្នែកមួយនៃវប្បធម៌ខ្មែរដ៏សំខាន់ ហើយជាតំណាងឱ្យសិល្បៈខ្មែរ។

លក្ខី ៖ ចុះមកពីហេតុផលអ្វីខ្លះទៀតដែរ?

ផុន ៖ ម្យ៉ាងទៀត ល្ខោនខោល ត្រូវបានដាក់បញ្ចូលក្នុងបញ្ជីបេតិកភណ្ឌវប្បធម៌អរូបីពិភពលោករបស់អង្គការយូណេស្កូ។

លក្ខី ៖ ចាស បង! ចុះសព្វថ្ងៃនេះ មានគេបង្រៀនអំពីល្ខោនខោលដែរទេ?

ផុន ៖ ពិតជាមានអូន គឺបង្រៀននៅសាលាភូមិន្ទវិចិត្រសិល្បៈ។

លក្ខី ៖ ល្អណាស់បង! ដូច្នេះ ល្ខោនខោលនឹងល្បីល្បាញជាមិនខានឡើយ។

គ. ការជជែកគ្នាអំពីល្ខោនខោល
情景 3　谈论考尔剧

លក្ខី ៖ សួស្ដី បង! ប្អូនចង់ដឹងថា ហេតុអ្វីបានជាតួអង្គនៃល្ខោនខោលមានពាក់របាំងមុខ?

ផុន ៖ បាទ ប្អូន! ព្រោះតួអង្គហ្នឹងជើរភ្

លក្ខណៈជាស្តាក្នុងការសម្តែង។

លក្ខី: ចុះហេតុអ្វីសម្តែច ជួន ណាត សសេរថា ល្ខោនខោលជាពូកល្ខោនប្រុស?

ចុន: ព្រោះតួអង្គដែលសម្តែងក្នុងល្ខោនខោលជាប្រុស ទោះបីមានតួអង្គស្រីក៏ត្រូវសម្តែងជាប្រុសដែរ។

លក្ខី: អ៊ីចឹង! តើល្ខោនខោលត្រូវសម្តែងអំពីរឿងអ្វី?

ចុន: រឿងដែលយកមកសម្តែងក្នុងល្ខោនខោល គឺរឿងរាមកេរ្តិ៍។

លក្ខី: អូ! តឡូវនេះ ខ្ញុំយល់ហើយបង។ សូមអរគុណបងម្តងទៀតណា។

ចុន: មិនអីទេប្អូន! រីករាយជានិច្ច។

២. ពាក្យថ្មី
二、生词

ល្ខោនខោល	ន.	考尔剧
របាំងមុខ	ន.	面具
ផ្នែក	ន.	部分
តំណាង	ន.	代表
សិល្បៈ	ន.	艺术
សាលាភូមិន្ទវិចិត្រសិល្បៈ	ន.	皇家艺术大学
ល្បីល្បាញ	គុ.	著名的，有名的
បញ្ចូល	កិ.	加入，添加
បញ្ជី	ន.	名单
បេតិកភណ្ឌវប្បធម៌អរូបី	ន.	非物质文化遗产
អង្គការយូណេស្កូ	ន.	联合国教科文组织
មោទនភាព	ន.	骄傲，自豪
រឿងរាមកេរ្តិ៍	ន.	《罗摩赞》（神话）

មេរៀនទី១៨ ល្ខោនខោល 第十八课 看考尔剧

| សម្តេច ជួន ណាត | n. | 尊那僧王（人名） |
| រឿងព្រេង | n. | 神话，传说 |

៣. ពាក្យថ្មីពង្រីកពន្ធ
三、拓展词汇

ល្ខោនតន្ត្រី	音乐剧	ខ្សែភាពយន្តភាគ	电视连续剧
រោងល្ខោនអូប៉េរ៉ា	歌剧院	ល្ខោនច្រៀង ល្ខោនអូប៉េរ៉ា	歌剧
ល្ខោនបាំ	舞剧	រោងល្ខោន	剧场
ល្ខោនប៉េកាំង	京剧	នាដកថា	剧本
ការផ្សាយពាណិជ្ជកម្ម	广告	អក្សរគូអង្គនិយាយ	字幕
យំអណ្តើកអណ្តាក	抽泣	ស្រេកយំ	痛哭
ជ្រញចិញ្ជើម	皱眉头	ខ្ទប់មុខ	捂脸
ត្រវិក្បាល	摇头		

៤. លំហាត់
四、练习

请根据以下情景，用柬埔寨语进行对话。

周六学校有柬埔寨传统考尔剧的表演，你想邀请占塔一同前往观看，索披向你介绍了柬埔寨考尔剧的历史、特点，还跟你讲述了著名剧目《罗摩赞》(រឿងរាមកេរ្តិ៍)。

៥. ការបកប្រែ
五、参考译文

情景 1　介绍考尔剧

莱斯美：彤，你听过考尔剧吗？
彤：　　听过啊！我也看过考尔剧。
莱斯美：考尔剧是什么样的戏剧呢？
彤：　　考尔剧是一种戴面具表演的戏剧。
莱斯美：那考尔剧起源于什么时代？
彤：　　考尔剧有非常悠久的历史，吴哥时期之前就产生了。
莱斯美：谢谢你给我介绍考尔剧。
彤：　　不客气，很高兴帮到你。

情景 2　考尔剧深受欢迎的原因

莱斯美：彤，我想知道，为什么柬埔寨人这么喜欢考尔剧？
彤：　　因为考尔剧是柬埔寨文化的重要组成部分，是柬埔寨艺术的代表。
莱斯美：还有什么原因吗？
彤：　　考尔剧被联合国教科文组织列入《人类非物质文化遗产代表作名录》。
莱斯美：那现在还有人教授考尔剧吗？
彤：　　有，就在皇家艺术大学。
莱斯美：那这样考尔剧就会被更多人所知晓了。

情景3 谈论考尔剧

莱斯美：彤，我想知道，考尔剧表演时要戴面具，为什么要这么做？
彤：　　因为考尔剧的演员们，通过戴面具来扮演猴子的角色。
莱斯美：那为什么尊那僧王说，考尔剧又被称为"男人剧"呢？
彤：　　因为考尔剧的演员都是男性，女性角色也都是由男性扮演的。
莱斯美：那考尔剧主要演绎什么内容呢？
彤：　　考尔剧主要演绎《罗摩赞》。这是柬埔寨古老的神话传说。
莱斯美：我现在清楚了！谢谢你！
彤：　　不客气！

六、你知道吗

　　柬埔寨戏剧起源于扶南时期，在吴哥时期得到了较大的发展，至今已有近千年历史。吴哥王朝阇耶跋摩七世统治期间，他的妻子因陀罗黛维是一位博学多才的公主，她曾亲自创建高棉剧团，对发展和传播高棉文化艺术起到了促进作用。

　　考尔剧是柬埔寨历史最悠久的剧种之一，产生于10世纪吴哥王朝初期。考尔剧主要由男性演员表演，因此又称为男人剧。剧情根据柬埔寨古代神话《罗摩赞》改编，剧中人物设计、故事情节安排以及语言的应用都融合了高棉民族的传统文化。演出时，演员头戴象征罗摩、魔王、猴王等主角的面具进行表演，演出过程无对白和唱词，由专门的演员负责叙述戏剧情节。宾伯乐团是考尔剧演出时的伴奏乐团。

扫码收看视频

មេរៀនទី១៩ ការដើរកម្សាន្ត
第十九课　去旅行

១. ការសន្ទនា
一、情景对话

ក. មុនចេញដំណើរ
情景 1　行前准备

លក្ខី: សួស្តី បងចន្ថា! តើបងមានកិច្ចការអ្វីដែរទៅ?

ចន្ថា: បាទ បងដង់មកបបូលប្អូនដើរកម្សាន្ត។

លក្ខី: អុីចឹង បងគិតថា ដើរកម្សាន្តពេលណាដែរ?

ចន្ថា: បងគិតថា ដើរកម្សាន្តនៅវិស្សមកាលគូចហ្នឹងណា!

លក្ខី: ល្អគេី បង! ព្រោះសល់កន្លះខែទៀតដល់វិស្សមកាលគូចល្មម។

ចន្ថា: ហ្នឹងហើយប្អូន។ ចុះប្អូនចង់ទៅកម្សាន្តនៅឯណាដែរ?

លក្ខី: ស្រេចតែបងទេ ព្រោះបងស្គាល់កន្លែងកម្សាន្តច្រើនជាងខ្ញុំ។

ចន្ទា ៖ អូចឹង យើងទៅលេងក្រុងព្រះសីហនុបានទេ?
លក្ស្មី ៖ បានតើ បង! ក្រុងព្រះសីហនុមានមាត់សមុទ្រស្អាតៗណាស់ ។
ចន្ទា ៖ បាទ ប្អូន! យើងនឹងត្រៀមសម្ភារៈទុកជាមុនប៉ុន្មានថ្ងៃនេះ។
លក្ស្មី ៖ ចាស បង! ហឹងហើយបង។

២. ពេលដើរលេង

情景 2 去旅行

លក្ស្មី ៖ បងចន្ទា! ក្រុងព្រះសីហនុស្អាតណាស់។

ចន្ទា ៖ បាទ លក្ស្មី! ក្រុងព្រះសីហនុអភិវឌ្ឍន៍ច្រើនជាងមុន។

លក្ស្មី ៖ ហឹងហើយបង! ផ្លូវជាតិសុទ្ធតែក្រាលកៅស៊ូទាំងអស់។

ចន្ទា ៖ ត្រូវហើយប្អូន! នៅតាមដងផ្លូវ ខ្ញុំគិតថា មានទេសភាពស្រស់ស្អាតណាស់។

លក្ស្មី ៖ ចាស! ប្អូនបានឃើញវាលស្រែ ត្រពាំង បឹងបួ ខៀវស្រងាត់។

ចន្ទា ៖ បាទ ប្អូន! រីឯទឹកសមុទ្រមានរលកធំៗ និងខ្យល់អាកាសត្រជាក់ស្រួលខ្លួនណាស់។

លក្ស្មី ៖ ចាសបង! លើសពីនេះយើងក៏អាចដុតទឹក ញ៉ាំអាហារ និងដើរកម្សាន្តតាមមាត់ឆ្នេរទៀតផង។

ចន្ទា ៖ មែនហើយប្អូន! ហេតុនេះពេលទំនេរ យើងគួរតែដើរលេងកម្សាន្តខ្លះទើបល្អ។

លក្ស្មី ៖ ចាស បង! ដូច្នេះ ថ្ងៃក្រោយយើងនឹងដើរកម្សាន្តនៅកន្លែងផ្សេងទៀតា។

ចន្ទា ៖ រីករាយជានិច្ច!

គ. ផលប្រយោជន៍នៃការដើរកម្សាន្ត
情景 3　旅行的意义

លក្ខី៖ បងចន្ទា! បងមានអារម្មណ៍យ៉ាងម៉េចដែរ ក្រោយពីការដើរកម្សាន្តរួច?

ចន្ទា៖ បាទ លក្ខី! បងមានអារម្មណ៍សប្បាយរីករាយយ៉ាងខ្លាំង។ ចុះប្អូនវិញ?

លក្ខី៖ ខ្ញុំក៏សប្បាយរីករាយដែរ ព្រោះបានឃើញទេសភាពស្អាតៗនិងមានខ្យល់អាកាសល្អ។

ចន្ទា៖ ហ្នឹងហើយប្អូន ការដើរកម្សាន្ត គឺធ្វើឱ្យខួរក្បាលរបស់យើងស្រស់ស្រាយខ្លាំងណាស់។

លក្ខី៖ ខ្ញុំក៏គិតបែបហ្នឹងដែរ។ ខ្ញុំអរគុណបងដែលបានបបួលខ្ញុំដើរកម្សាន្តបែបនេះ។

ចន្ទា៖ មិនអីទេ! ព្រោះបងដឹងថា ពេលសិក្សារៀនច្រើន គឺពួកយើងនឿយហត់ខួរក្បាលពេកហើយ។

លក្ខី៖ ពេលធ្វើការងារនោះ មិនត្រឹមតែហត់ខួរក្បាលទេង ចំណែករាងកាយក៏ហត់ខ្លាំងដែរ។

ចន្ទា៖ អីចឹង! ថ្ងៃក្រោយ យើងនឹងដើរកម្សាន្តញឹកញាប់បន្តិចណា។

២. ពាក្យថ្មី
二、生词

| ចេញដំណើរ | កិ. | 出发，出行 |
| វិស្សមកាល | ន. | 假期 |

ក្រុងព្រះសីហនុ	ន.	西哈努克市（地名）
សម្ភារៈ	ន.	物品，器材
បណ្ដើរ	កិ.	带领，陪伴
សល់	កិ.	剩下
ផ្លូវជាតិ	ន.	国道
កៅស៊ូ	ន.	沥青，橡胶
ដងផ្លូវ	ន.	道路
វាលស្រែ	ន.	田原，田野
ត្រពាំង	ន.	池塘
បឹងបួ	ន.	湖泊
ខៀវស្រងាត់	គុ.	郁郁葱葱的，茂盛的
ផលប្រយោជន៍	ន.	成果，益处
ខួរក្បាល	ន.	大脑
នឿយហត់	គុ.	劳累的
រាងកាយ	ន.	身体

៣. ពាក្យថ្មីពង្រីកពន្ធ
三、拓展词汇

អត្តសញ្ញាណបណ្ណ	身份证	លិខិតឆ្លងដែន	护照
បណ្ណសិស្ស	学生证	បណ្ណមគ្គុទ្ទេសក៍	导游证
ក្រុមហ៊ុនទេសចរណ៍	旅行社	ទេសចរណ៍ឯកជន	自助游
សំបុត្រយន្តហោះតម្លៃពិសេស		特价机票	
ធ្វើដំណើរទេសចរណ៍នៅក្រៅប្រទេស		出境旅游	
កន្លែងលក់សំបុត្រ		售票处	

ម៉ាស៊ីនលក់សំបុត្រដោយស្វ័យប្រវត្តិ	自动售票机
រូបចម្លាក់	雕像	វាលស្មៅ	草坪
បង្ហោះខ្លែង	放风筝

៤. លំហាត់
四、练习

请根据以下情景，用柬埔寨语进行对话。

快要放暑假了，你和索披讨论暑假的出行计划。你想去西哈努克市的海边度假，但是索披觉得酒店价格太贵了不划算。最后你们决定去索披的家乡——暹粒市，游览世界文化遗产——吴哥窟。

៥. ការបកប្រែ
五、参考译文

情景1 行前准备

莱斯美：你好，占塔！有什么事吗？
占塔：　我想邀请你一起去旅行。
莱斯美：这样呀，你想什么时候去呢？
占塔：　我想在寒假期间去旅行。
莱斯美：好啊！因为还剩半个月就到寒假了。
占塔：　是啊。你想去哪儿旅行呢？
莱斯美：听你的，因为你知道的旅行地比我多。
占塔：　那我们去西哈努克市玩儿怎么样？
莱斯美：可以啊，西哈努克市的海滩很美。

占塔： 是的。那我们这几天准备一下旅行用品吧。
莱斯美：好的，没问题。

情景 2　去旅行

莱斯美：占塔！西哈努克市现在好漂亮啊。
占塔： 是啊！现在西哈努克市比以前发展得快多了啊。
莱斯美：是的。国道都铺上了沥青。
占塔： 对啊。你看道路两边的风景都很漂亮。
莱斯美：是呀，有田野、池塘、湖泊，一派郁郁葱葱的景象。
占塔： 大海也很漂亮，波澜壮阔，海风也非常凉爽舒适。
莱斯美：是啊。除此之外，我们还能游泳、吃海鲜和在海边散步。
占塔： 确实如此！有空儿的时候，我们应该多出去走走才好。
莱斯美：是的。那么下次我们去其他地方玩儿吧。
占塔： 好的。

情景 3　旅行的意义

莱斯美：占塔！旅行过后你感受如何？
占塔： 我觉得很开心，你呢？
莱斯美：我也觉得很高兴，因为看到了美丽的景色，感受到了舒适的微风。
占塔： 没错！旅行让我们的身心得到了放松。
莱斯美：我也是这么想的。非常感谢你邀请我出去旅行。
占塔： 不客气。高强度的学习会让我们的大脑疲惫不堪的。
莱斯美：那样的生活方式，不仅让大脑疲惫不堪，也会让身体过度劳累的。
占塔： 那以后我们经常出去旅行吧！

៦. តើអ្នកដឹងទេ
六、你知道吗

    西哈努克市（Sihanoukville），是柬埔寨最大的港口城市，也是柬埔寨国内第二大旅游胜地。西哈努克市位于柬埔寨西南沿海，很多金边的白领阶层周末都会来这里休闲度假。该市于 20 世纪 50 年代末才开始发展。如今，这里的四个主要的海滩 Sokha Beach、Serendipity Beach、Independence Beach、Victory Beach，这些海滩还没有被过度开发，保持着自然风貌。能够出海游玩儿的海岛主要有高龙岛、高龙撒冷岛等，每年会有一定数量的游客来这里享受阳光海滩，体验平静的休闲时光。因中柬交往日益密切，中国游客赴柬旅游的热度也越来越高。

មេរៀនទី២០ ការទៅមន្ទីរពេទ្យ
第二十课　去医院

扫码收看视频

១. ការសន្ទនា
一、情景对话

ក. ការមិនស្រួលខ្លួន
情景1　讨论病情

ផុន： សួស្ដី លក្ឃី! តើបូនសុខសប្បាយទេ?

លក្ឃី： ចាស បង! ខ្ញុំមិនសូវសុខសប្បាយទេ។

ផុន： ម៉េចអ៊ីចឹង! តើបូនមានបញ្ហាអ្វីមែនទេ?

លក្ឃី： ចាស! គឺខ្ញុំអស់កម្លាំងកាយ និងគ្មានថាមពលទេ។

ផុន： បូនមានបញ្ហានេះរយៈពេលយូរហើយប្ញនៅ?

លក្ឃី： មិនយូរទេ បង! ទើបតែពីរបីថ្ងៃមុនប៉ុណ្ណោះ។

ផុន： ចុះបូនមានបានទៅមន្ទីរពេទ្យហើយប្ញនៅ?

លក្ឃី： នៅទេ បង មួយរយៈនេះការងាររវល់ច្រើនពេក។

ផុន： រវល់យ៉ាងណាក៍ផ្ដៀតដែរបូន ព្រោះសុខភាពសំខាន់ណាស់។

លក្ឃី： ចាស បង! បូនយល់ហើយ។ អរគុណបងច្រើនណាស់!

៨. គ្រូពេទ្យពិនិត្យជំងឺ
情景2 医生看病

គ្រូពេទ្យ : សួស្តី ឯូនស្រី ! តើឯូនឈ្មោះ
            អ្វីដែរ?
លក្ខី :   ជម្រាបសួរ លោកគ្រូពេទ្យ !
            ខ្ញុំឈ្មោះលក្ខី។
គ្រូពេទ្យ : តើលក្ខីមានបញ្ហាអ្វីទៅ?
លក្ខី :   ចាស !លោកគ្រូពេទ្យ ប៉ុន្មាន
            ថ្ងៃនេះសុខភាពខ្ញុំមិនល្អ
            សោះ។
គ្រូពេទ្យ : តើអាការៈក្នុងខ្លួនរបស់ឯូនយ៉ាងម៉េចដែរ?
លក្ខី :   ខ្ញុំចេះតែក្តុក ឈឺក ក្តៅខ្លួន និងហៀរសម្បោរ ហើយអស់កម្លាំងទៀតផង។
គ្រូពេទ្យ : អូ ! អាការៈបែបនេះ គឺផ្តាសាយហើយឯូន។
លក្ខី :   អីចឹង តើខ្ញុំគួរធ្វើបែបណាទៅ លោកគ្រូពេទ្យ ?
គ្រូពេទ្យ : បាទ! ឯូនគ្រាន់តែញាំទឹកខ្ញីក្តៅៗ និងងូតទឹកក្តៅឧណ្ហាៗ ហើយហាត់ប្រាណ
            ទៅបានហើយ។
លក្ខី :   ចុះបន្ទាប់មក តើគ្រូធ្វើយ៉ាងម៉េចទៀតទៅ លោកគ្រូពេទ្យ?
គ្រូពេទ្យ : បន្ទាប់មក បើនៅតែមិនជា ចាំឯូនមកមន្ទីរពេទ្យម្តងទៀត ដើម្បីប្រើថ្នាំពេទ្យ
            វិញម្តង។
លក្ខី :   ចាស !អីចឹង ! ខ្ញុំសូមជម្រាបលាលោកគ្រូពេទ្យសិនហើយ។

មេរៀនទី២០ ការទៅមន្ទីរពេទ្យ 第二十课 去医院   135

គ. ការប្រើថ្នាំព្យាបាល
情景3 开药治疗

ផុន : លក្ខី ! តើឯងបានទៅមន្ទីរពេទ្យហើយ ឬនៅ?

លក្ខី : ចាស បង ! ខ្ញុំបានទៅមន្ទីរពេទ្យកាលពីម្សិលមិញរួចហើយ។

ផុន : ហើយចុះ ពេទ្យគាត់ថាយ៉ាងម៉េចដែរ?

លក្ខី : ពេទ្យថា ខ្ញុំមានជំងឺផ្តាសាយ។

ផុន : អូ ! អីចឹងមិនអីទេ។ ហើយចុះពេទ្យមានឱ្យថ្នាំមកលេបទេ ?

លក្ខី : អត់ទេ បង គ្រូពេទ្យថា ដំបូងត្រូវញ៉ាំទឹកខ្ញី ក្តៅៗ ងូតទឹកក្តៅឧណ្ហៗ និងហាត់ប្រាណសិន។

ផុន : ហ្នឹងហើយប្អូន។ កាលបងក៏ធ្វើបែបនេះដែរ ប៉ុន្តែឯងមិនត្រូវដេករាត់ទឹកភ្លៀងទេណា។

លក្ខី : ចាស បង។ ហើយឥឡូវនេះ ខ្ញុំហាក់ដូចជាបានធូរបន្តិចហើយ។

ផុន : ល្អណាស់ ! ចុះពេលយប់ ឯងគេងបាន គ្រប់គ្រាន់ទេ?

លក្ខី : ពេលយប់មិនសូវបានគេងទេ ព្រោះក្អកខ្លាំងពេកណាបង។

ផុន : ដូច្នេះ ឯងត្រូវញ៉ាំទឹកឱ្យបានច្រើន និងគេងឱ្យបានគ្រប់គ្រាន់ណា។

លក្ខី : ចាស បង ! ខ្ញុំអរគុណបងច្រើនណាស់ដែលបានព្រួយបារម្ភពីខ្ញុំ។

២. ពាក្យថ្មី
二、生词

មន្ទីរពេទ្យ   ន.   医院

សុខភាព	ន.	健康
គ្រូពេទ្យ	ន.	医生
ពិនិត្យ	កិ.	检查
ជំងឺ	ន.	病症
អាការៈ	ន.	症状
ក្អក	កិ.	咳嗽
ក	ន.	脖子，喉咙
ក្តៅខ្លួន	កិ.	发热，发烧
ហៀរសម្បោរ	កិ.	流鼻涕
ផ្តាសាយ	កិ.	感冒
ងូតទឹក	កិ.	洗澡
ខ្ញី	ន.	生姜
ព្យាបាល	កិ.	治疗
ធូរ	កិ.	舒缓，缓和
គ្រប់គ្រាន់	គុ.	足够的，充足的
គេង	កិ.	睡觉
ព្រួយបារម្ភ	កិ.	担心，担忧

៣. ពាក្យថ្មីពាក់ព័ន្ធ
三、拓展词汇

រថយន្តសង្គ្រោះ	救护车	រទេះជនពិការ	轮椅
បន្ទប់វះកាត់	手术室	ឈឺធ្មេញ	牙痛
ឈឺក្រពះ	胃痛	ហូរឈាមតាមច្រមុះ	流鼻血
វាស់ភ្នែក	测视力	វាស់ឈាម	量血压

| ហូមឈាម | 抽血 | សម្ពាប់មេរោគ | 消毒 |
| ប្រដាប់វាស់កម្ដៅ | 温度计 | វេជ្ជបញ្ជា | 药方，处方 |

៤. លំហាត់
四、练习

请根据以下情景，用柬埔寨语进行对话。

你的舍友小明生病了，你把他送到医院进行治疗。请模拟一段你和医生的对话，说明小明的症状，询问接下来的治疗方式等问题。

៥. ការបកប្រែ
五、参考译文

情景1 讨论病情

彤：　你好，莱斯美！你现在是不是不舒服？
莱斯美：我现在感觉不太舒服。
彤：　怎么了？你有什么问题吗？
莱斯美：我觉得全身乏力，没有精神。
彤：　你有这些问题很长时间了吗？
莱斯美：不久，两三天前才开始的。
彤：　你去过医院了吗？
莱斯美：还没有，这段时间工作太忙了。
彤：　无论多忙也要去医院，健康非常重要。
莱斯美：好的。我知道了。非常感谢。

情景 2　医生看病

医生：　你好，女士。你叫什么名字？
莱斯美：你好，医生。我叫莱斯美。
医生：　你有什么问题？
莱斯美：医生，这几天我觉得不舒服。
医生：　有什么症状？
莱斯美：我总是咳嗽，喉咙痛，发热，流鼻涕，还感觉浑身无力。
医生：　噢！这些症状说明你感冒了。
莱斯美：那医生我应该怎么办呢？
医生：　你应该喝热姜汤，洗热水澡，并且多锻炼。
莱斯美：那接下来我应该做什么呢？
医生：　如果还没好，你就再来医院开药吧。
莱斯美：好的，谢谢医生，再见！

情景 3　开药治疗

彤：　　莱斯美！你去过医院了吗？
莱斯美：去了，我昨天去医院了。
彤：　　医生他怎么说？
莱斯美：医生说我感冒了。
彤：　　那就没关系了。医生给你开药了吗？
莱斯美：没有，医生说一开始先喝热姜汤，洗热水澡和锻炼身体。
彤：　　这样啊。我也是这样做的，但是你不要淋雨哦。
莱斯美：好的。现在我好像恢复一点儿了。
彤：　　你晚上的睡眠充足吗？
莱斯美：晚上不怎么睡得着觉，因为咳嗽得厉害。

彤： 那你要多喝水，还要保证睡眠充足。

莱斯美：好的，谢谢你这么关心我。

៦.តើអ្នកដឹងទេ
六、你知道吗

柬埔寨比较知名的医院：

1. 僧侣医院：建于 1956 年，在 1975 年 4 月 17 日之前是专为全国僧侣服务的医院。1976 年 6 月，卫生部把该医院定位为综合医院并增设手术室，为民众与僧侣提供医疗服务。自 1990 年开始，卫生部将该医院列为一家手术中心，并为医科大学生、医师提供手术专科培训。

2. 国家儿童医院：该医院耗资 200 多万美元，按照国家最高标准修建。该医院目前是一所既为儿童医治疾病又为来自各地的儿科医生提供培训的国家级医院。

3. 甘密医院：该医院于 2005 年 3 月正式设立心脏和脑部两个手术专科，成为柬埔寨第一家可以进行脑部手术的医院。

扫码收看视频

មេរៀនទី២១ ក្នុងសណ្ឋាគារ
第二十一课 住酒店

១.ការសន្ទនា

一、情景对话

ក. ការកក់បន្ទប់

情景1 预订客房

បុគ្គលិក: យើងខ្ញុំខាងសណ្ឋាគារសុរិយា សូមជម្រាបសួរ!

ចន្ថា: បាទ!សួស្តី ប្អូន! តើមានសល់បន្ទប់ទំនេរទេ?

បុគ្គលិក: ចាស ជម្រាបសួរ បង! តើបងត្រូវការបន្ទប់អីដែរ?

ចន្ថា: អូចឹង! បងសុំកក់បន្ទប់គ្រែពីរបានទេ?

បុគ្គលិក: បន្ទប់គ្រែពីរគេកក់អស់ហើយ មានតែបន្ទប់គ្រែមួយទេ។

ចន្ថា: បងយកបន្ទប់គ្រែមួយក៏បាន។ តើមួយយប់ថ្លៃប៉ុន្មាន?

បុគ្គលិក: ចាស បង! ក្នុងមួយយប់ថ្លៃ៦០ដុល្លារឬ២៥០ ០០០រៀល។

ចន្ថា: អូចឹង! ខ្ញុំនឹងកក់ពាយប់ គឺចាប់ពីថ្ងៃទី១ ដល់ទី៣ ខែមេសា។

បុគ្គលិក: ចាស បង!ជូរចុះ សូមបងជួយប្រាប់ឈ្មោះនិងលេខទូរសព្ទបន្តិច!

មេរៀនទី២១ ក្នុងសណ្ឋាគារ 第二十一课 住酒店 141

ចន្ទា: បងឈ្មោះចន្ទា លេខទូរស័ព្ទ ០៩២ ៨៧៦ ៦២២។
បុគ្គលិក: រូចរាល់ហើយបង!សូមអរគុណច្រើន!

ខ. ការចុះឈ្មោះចូល
情景2 入住酒店

បុគ្គលិក: ស្វាគមន៍ បង! ក្នុងការអញ្ជើញមកសណ្ឋាគារយើងខ្ញុំ!
ចន្ទា: សូមអរគុណ!ខ្ញុំបានកក់បន្ទប់តាមទូរស័ព្ទរួចហើយ។
បុគ្គលិក: អូចឹង! តើបងឈ្មោះអ្វីដែរ?
ចន្ទា: បងឈ្មោះ ចន្ទា លេខទូរស័ព្ទ ០៩២ ៨៧៦ ៦២២
បុគ្គលិក: ចាស! ឃើញឈ្មោះហើយ។ បងស្នាក់កាយប់ ចាប់ពីថ្ងៃទី១ដល់ថ្ងៃទី៣។
ចន្ទា: បាទ! ពិតមែនហើយ។ សូមឲ្យនជួយគិតតម្លៃសរុបប្រាប់បងផងណា!
បុគ្គលិក: ចាស បង!ទាំងអស់១៨០ដុល្លារនិងទទួលបានអាហារពេលព្រឹកបីពេល។
ចន្ទា: បាទ!ខ្ញុំយល់ហើយ។
បុគ្គលិក: អូចឹង ! ខ្ញុំសូមលិខិតឆ្លងដែនឬអត្តសញ្ញាណបណ្ណ ដើម្បីចុះតចម្លងបន្តិចណាបង។
ចន្ទា: បាទ !បានតើ ប្អូន។
បុគ្គលិក: សូមអរគុណ! និងជូនពរបងសុខសប្បាយ។
ចន្ទា: បាទ !អរគុណច្រើន។

គ. ការចេញពីសណ្ឋាគារ
情景3 退房

ចន្ទា: សួស្តី ឪន! ថ្ងៃនេះបងសូមចេញហើយ។

បុគ្គលិក: ចាស បង! បងគិតយ៉ាងម៉េចដែរ ពេលស្នាក់នៅសណ្ឋាគារយើងខ្ញុំ?

ចន្ទា: បងស្រស់ស្រាយក្នុងចិត្តណាស់! សូមជួយគិតលុយបងផង។

បុគ្គលិក: ចាស បង! ទាំងអស់១៩៨០ ដុល្លារ។ តើបងចង់បង់លុយ តាមវិធីណា?

ចន្ទា: បងនឹងបង់តាមវីសាកាត ហើយជួយចេញវិក្កយបត្រឱ្យ បងផង។

បុគ្គលិក: ចាស! បានបង។

ចន្ទា: តើមានសេវាដឹកជញ្ជូនទៅព្រលានយន្តហោះទេ?

បុគ្គលិក: មាន បង អ៊ីចឹង! ខ្ញុំនឹងឱ្យគេរៀបចំជូនបងទៅព្រលានយន្តហោះឥឡូវនេះ។

ចន្ទា: អរគុណឪន ដូច្នេះ បងសូមលាឪនសិនហើយ។

បុគ្គលិក: ចាស បង! អរគុណដូចគ្នា! សូមសុខសប្បាយក្នុងការធ្វើដំណើរ។

ចន្ទា: បាទ! អរគុណច្រើន!

២. ពាក្យថ្មី
二、生词

កក់	កិ.	预约，预订
បន្ទប់	ន.	房间

សណ្ឋាគារ	ន.	酒店
គ្រែ	ន.	床
ចុះឈ្មោះ	កិ.	注册，登记
សរុប	គុ.	总共
លិខិតឆ្លងដែន	ន.	护照
អត្តសញ្ញាណបណ្ណ	ន.	身份证
ថតចម្លង	កិ.	复印
ស្នាក់	កិ.	停留
វិធី	ន.	方法，方式
វីសាកាត	ន.	VISA 卡
វិក្កយបត្រ	ន.	发票

៣. ពាក្យថ្មីពាក់ព័ន្ធ
三、拓展词汇

បន្ទប់ហាមជក់បារី	无烟房	បន្ទប់ពិសេស	套房
បោសសម្អាតបន្ទប់	清洁客房	សាលពិធីជប់លៀង	宴会厅
មជ្ឈមណ្ឌលស្ទីម	桑拿中心	បោកសូត	干洗
របៀងទទួលភ្ញៀវ	大堂	កន្លែងទទួលភ្ញៀវ	前台
ទ្វារវិលស្វ័យប្រវត្តិ	自动旋转门	រទេះរុញរាល់លិស	行李推车
មជ្ឈមណ្ឌលហាត់ប្រាណ	健身中心		

៤. លំហាត់
四、练习

请根据以下情景,用柬埔寨语进行对话。

你带全家人去吴哥窟旅行,需要预订暹粒市的酒店。在确认好酒店的星级、位置之后,你打电话给酒店前台,预订了一间套房和两间相邻的双床房,并且要求在套房内加一张婴儿床,含早餐。在电话里你留下了姓名和个人信息用于预订。

៥.ការបកប្រែ
五、参考译文

情景 1　预订客房

酒店人员：　您好,这里是苏利亚酒店!
占塔：　　你好,现在还有房间吗?
酒店人员：　您好,先生,您需要什么房型?
占塔：　　好的,我要一间双床房。
酒店人员：　双床房已经被预订完了,现在只有大床房了。
占塔：　　大床房也可以。一晚上多少钱?
酒店人员：　一晚是 60 美元,或 240000 瑞尔。
占塔：　　我订三个晚上,从 4 月 1 号到 4 月 3 号。
酒店人员：　好的,请告诉我您的姓名和电话。
占塔：　　我叫占塔,电话号码是 092476622。
酒店人员：　好的,您已预订完毕,非常感谢!

情景 2　入住酒店

酒店人员：　欢迎光临！欢迎下榻我们酒店！
占塔：　　　谢谢，我已在电话里订好房间了。
酒店人员：　噢！好的，那请问您的姓名是什么？
占塔：　　　我叫占塔，电话号码是 092476622。
酒店人员：　好的。已查到您的预留信息。您预订了 3 个晚上，从 4 月 1 号到 4 月 3 号。
占塔：　　　没错！请您先帮我算算总房费吧！
酒店人员：　好的，您的房间包含早餐，一共是 180 美元。
占塔：　　　好的，我知道了。
酒店人员：　请把您的护照或身份证给我复印一下。
占塔：　　　好的，给您。
酒店人员：　谢谢！祝您住宿愉快。
占塔：　　　谢谢！

情景 3　退房

占塔：　　　你好，现在我要退房。
酒店人员：　好的，您在我们酒店下榻期间感觉如何？
占塔：　　　我觉得非常愉快！请先帮我结账吧。
酒店人员：　好的。一共是 180 美元，您是通过哪种方式付款呢？
占塔：　　　我用 VISA 卡付款，还要开发票。
酒店人员：　好的，没问题。
占塔：　　　请问是否有送机服务？
酒店人员：　有的，先生。我现在就为您安排送机服务。
占塔：　　　谢谢！那我告辞了。

酒店人员：　谢谢！祝您一路顺风。

占塔：　　　非常感谢！

៦.តើអ្នកដឹងទេ
六、你知道吗

　　柬埔寨拥有丰富的旅游资源，旅游业是柬埔寨四大支柱产业之一，在促进国家发展、增加就业、减少贫困等方面发挥着重要作用。柬埔寨政府始终将旅游业作为优先发展领域和吸引外资的重点领域，并给予该领域很多投资优惠政策。如政府于 2000 年宣布对外开放领空，外国航空公司可以直飞暹粒旅游，以便让更多的游客参观吴哥窟。同年 9 月，柬埔寨旅游部根据柬埔寨的地理环境和景色特点，将全国划分为 8 个旅游发展区，同时重点发展暹粒省、金边市、西哈努克市、白马市、戈公省、蒙多基里省等省市旅游区。

មេរៀនទី២២ ការកក់សំបុត្រយន្តហោះ
第二十二课 订飞机票

扫码收看视频

១. ការសន្ទនា
一、情景对话

ក. ការកក់សំបុត្រ
情景 1 预订机票

ភុន： សួស្ដី បងចន្ទា! តើបងធ្លាប់កក់សំបុត្រយន្តហោះតាមអនឡាញទេ?

ចន្ទា： សួស្ដី ប្អូន! ធ្លាប់តើប្អូន ការកក់សំបុត្រតាមអនឡាញស្រួលមែនទេន។

ភុន： បងអាចជួយប្រាប់ខ្ញុំពីរបៀបកក់សំបុត្រយន្តហោះតាមអនឡាញបានទេ?

ចន្ទា： បាន ប្អូន! ដំបូងត្រូវជ្រើសរើសក្រុមហ៊ុនអាកាសចរណ៍ដែលខ្លួនពេញចិត្តសិន។

ភុន： បាទ បង! ហើយចុះបន្ទាប់មកទៀត?

ចន្ទា： បន្ទាប់មកប្អូនត្រូវចូលក្នុងវេបសាយកក់សំបុត្រយន្តហោះរបស់ក្រុមហ៊ុននោះ។

ភុន： នៅក្នុងវេបសាយហ្នឹង គេមានព័ត៌មានលម្អិតទេ បង?

ចន្ទា ៖ មានច្រើនណាស់ឯង ពិសេស គឺជើងហោះហើរ តម្លៃហោះហើរ និងសេវាកម្ម ផ្សេងៗ។

ឆុន ៖ ចុះខ្ញុំអាចទទួលបានសំបុត្រដែលទិញតាមអនឡាញយ៉ាងម៉េចទៅ?

ចន្ទា ៖ ពេលទូទាត់តាមអនឡាញហើយ ឯងនឹងទទួលបានសំបុត្រតាមរយៈអ៊ី មែលឯងតែម្ដង។

ឆុន ៖ អូ!ខ្ញុំយល់ហើយបង! សូមអរគុណបងច្រើនណាស់។

ចន្ទា ៖ មិនអីទេ ឯង! បើមានចម្ងល់ អាចសួរបងបន្ថែមទៀតបាន។

ឆុន ៖ បាទ! អរគុណ បង។

ខ.ការ Check-in

情景2　办理值机

ឆុន ៖ បងចន្ទា ខ្ញុំគិតថា បងឆ្លាប់ជិះ យន្តហោះញឹកញាប់ ហើយមែនទេ?

ចន្ទា ៖ បាទ!បងឆ្លាប់ជិះយន្តច្រើន ដងដែរ។ តើឯងមានកិច្ចការ អ្វីដែរទៅ?

ឆុន ៖ ខ្ញុំចង់សួរបងអំពីការ Check-in នៅព្រលានយន្តហោះហ្នឹងណា។

ចន្ទា ៖ មិនអីទេ ដំបូងឯងត្រូវទៅព្រលានយន្តហោះយ៉ាងតិចម៉ោង មុនពេលចេញ ដំណើរ។

ឆុន ៖ ហើយចុះបន្ទាប់មកទៀត ត្រូវធ្វើយ៉ាងម៉េចបង?

ចន្ទា ៖ ពេលទៅដល់ ឯងត្រូវបង្ហាញលិខិតឆ្លងដែន ថ្លឹងវ៉ាលីសធំ និងយកបណ្ណាធ្វើដំ ណើរ។

មេរៀនទី២២ ការកក់សំបុត្រយន្តហោះ 第二十二课 订飞机票 149

ផុន : ពេលបង្ហាញលិខិតឆ្លងដែន គេនឹងរកឃើញឈ្មោះខ្ញុំក្នុងកុំព្យូទ័រហើយមែនទេ?

ចន្ទា : មែនហើយប្អូន! ហើយចំពោះវ៉ាលីសក៏ច្អូនអាចយកតាមខ្លួនឡើងយន្តហោះបាន។

ផុន : បាទ បង! ចុះបន្ទាប់មកទៀត ប្អូនត្រូវទៅកន្លែងណាបន្ត?

ចន្ទា : ប្អូនត្រូវទៅកន្លែងរង់ចាំឡើងយន្តហោះ ប៉ុន្តែក៏ត្រូវឆ្លងកាត់ការត្រួតពិនិត្យខ្លួនជាមុនសិន។

ផុន : ខ្ញុំយល់ច្បាស់ហើយ! អរគុណច្រើនណាស់ បង។

ចន្ទា : មិនអីទេ ប្អូន!

គ.ការ Check-Out

情景3　落地安检

ផុន : ខ្ញុំចង់សួរថា ពេល Check-Out គឺធ្វើយ៉ាងម៉េចទៅ?

ចន្ទា : ពេល Check-Out គឺស្រដៀងពេល Check-in។

ផុន : មែនទេ បង? អូចឹង! ដំបូង ត្រូវធ្វើយ៉ាងម៉េច?

ចន្ទា : មែន! ដំបូងពេលចេញពីយន្តហោះ ត្រូវទៅបំពេញបណ្ណព័ត៌មានសិន។

ផុន : ហើយបន្ទាប់មកទៀត ត្រូវយកបណ្ណនោះទៅណា?

ចន្ទា : គឺប្អូនត្រូវយកបណ្ណនោះទៅកន្លែងអ្នកត្រួតពិនិត្យសិន។

ផុន : ពេលត្រួតពិនិត្យចប់ហើយ ត្រូវទៅណាទៀត?

ចន្ទា : ប្អូនត្រូវទៅយករ៉ាលីសធំ ហើយទៅកន្លែងពិនិត្យវ៉ាលីស និងចេញក្រៅដាការស្រេច។

ផុន : អូ! យល់ច្បាស់ហើយបង។ ខ្ញុំពិតជាអរគុណបងច្រើនណាស់។

ចន្ទា៖ មិនអីទេ! យើងរាប់អានគ្នា ត្រូវជួយគ្នាអ៊ីចឹងហើយ។
ផុន៖ ដូច្នេះ ឪនសូមលាសិនហើយ។
ចន្ទា៖ បាទ! សំណាងល្អ ឪន។

២. ពាក្យថ្មី
二、生词

អនឡាញ	គុ.	在线的，线上的
ក្រុមហ៊ុន	ន.	公司
អាកាសចរណ៍	ន.	航空业
លម្អិត	គុ.	细致的，详细的
អ៊ីមែល	ន.	电子邮件
យ៉ាងតិច	កិ.វិ.	至少
ខ្ចប់	កិ.	打包
កុំព្យូទ័រ	ន.	电脑

៣. ពាក្យថ្មីពាក់ព័ន្ធ
三、拓展词汇

ផ្ទេរាំលិស	托运行李
ដាក់ខ្សែក្រវាត់សុវត្ថិភាព	系安全带
ដោះខ្សែក្រវាត់សុវត្ថិភាព	解开安全带
មើលវីដេអូសុវត្ថិភាព	看安全录像
ពាក់កាស្រត្រចៀក	戴耳机
ជ្រើសរើសមុខម្ហូប	选择餐点

មេរៀនទី២២ ការកក់សំបុត្រយន្តហោះ　第二十二课　订飞机票

សារបង្កេកកៅអីឱ្យត្រង់	调直座椅靠背
បើកតុជាប់កៅអី	放下折叠餐桌
បិទតុជាប់កៅអី	收起折叠餐桌
ដូរជើងយន្តហោះ	转机
របាំងថ្ងៃ	遮阳板
អាវពោង	救生衣
ច្រកចេញពេលមានអាសន្ន	紧急出口
កៅអីក្បែរបង្អួច	靠窗座位

៤. លំហាត់
四、练习

请根据以下情景，用柬埔寨语进行对话。

你的柬埔寨朋友占塔计划在9月20日前后从柬埔寨首都金边乘飞机来广西南宁参加中国东盟博览会，但他不会使用在线订票，于是向你求助，请设计一段你和占塔的对话。

៥. ការបកប្រែ
五、参考译文

情景 1　预订机票

彤：　占塔，你在线上预订过机票吗？
占塔：我在线上预订过，非常方便。
彤：　你能教我如何在线上预订机票吗？
占塔：可以！首先，选择你中意的航空公司。

彤： 好的，然后呢？

占塔： 然后，你要进入那个公司的票务预订网站。

彤： 在网站上会有详细信息吗？

占塔： 有很多详细信息，特别是航班情况、机票价格和服务项目。

彤： 那我怎么样才能得到网上预订的机票？

占塔： 在网站上完成购买后，你会通过电邮的形式收到机票。

彤： 我知道了。非常感谢！

占塔： 不客气。如果还有什么问题可以再来问我。

彤： 谢谢！

情景 2　办理值机

彤： 占塔，我记得你经常坐飞机，是吗？

占塔： 是啊，我经常坐飞机。你有什么事吗？

彤： 我想问你一些关于机场值机的问题。

占塔： 没问题，首先你至少要提前两个小时到机场。

彤： 那接下来该怎么做？

占塔： 到机场以后，你要出示护照，托运大件行李，取登机牌。

彤： 出示护照的时候，我的名字就会显示在电脑上吗？

占塔： 是的！你可以随身携带小件行李登机。

彤： 好的！那接下来我应该去哪里呢？

占塔： 你要去候机厅，但是得先过安检。

彤： 我清楚了，非常感谢！

占塔： 不客气。

情景 3　落地安检

彤： 我想问飞机落地之后的事是怎样的？

占塔：噢！那要比办理登机手续快得多。

彤： 真的吗？那么应该怎么做呢？

占塔：在出机场的时候，要先填写相关表格。

彤： 然后要拿表格去哪里？

占塔：拿表格去边检处。

彤： 边检完毕后，应该去哪儿呢？

占塔：要去提取大件行李，然后去行李安检处，再出机场就可以了。

彤： 噢！我明白了。非常感谢你。

占塔：不客气！我们应该互相帮助。

彤： 好的，再见！

占塔：再见！保重！

៦．តើអ្នកដឹងទេ
六、你知道吗

　　吴哥航空（Cambodia Angkor Air）是柬埔寨的国家航空公司。总部在柬埔寨金边，它有国内航线和国际航线。它的主要枢纽是金边国际机场和暹粒吴哥国际机场。2013年9月26日，广州白云机场迎来了吴哥航空在中国的首个航班。广州至暹粒航线也成为吴哥航空在中国开通的第一条定期航线。

　　柬埔寨巴戎航空有限公司成立于2014年4月，注册地和运营总部位于金边，由中航工业旗下的幸福航空控股有限公司在柬埔寨投资成立，是中国首家在海外投资设立、以运营国产民机为主的航空公司。巴戎航空以金边为主要运营基地，目前主要运营航线包括金边—暹粒、金边—暹粒—西港、金边—西港、金边—胡志明。

មេរៀនទី២៣ រមណីយដ្ឋានទេសចរណ៍
第二十三课　柬埔寨的风景名胜

扫码收看视频

១. ការសន្ទនា

一、情景对话

ក. អង្គរវត្ត

情景 1　吴哥窟

លក្ស្មី： សួស្តី បងផុន!
　　　　តើបងសុខទុក្ខយ៉ាង
　　　　ណាដែរ？

ផុន： សួស្តី ប្អូនលក្ស្មី! បងសុខ
　　　ទុក្ខធម្មតាទេ។ ចុះប្អូន វិញ？

លក្ស្មី： ដូចគ្នាទេ បង។ បងជាអ្នកស្រុកខេត្តសៀមរាប មែនទេ？

ផុន： បាទ ប្អូន! ខ្ញុំជាអ្នកស្រុកខេត្តសៀមរាប។ តើប្អូនមានការអ្វីដែរ？

លក្ស្មី： ប្អូនគិតថា នឹងនាំគ្រួសារទៅលេងនៅខេត្តសៀមរាបម្តង។

ផុន： ណ្ហើ! ប្អូន ព្រោះនៅខេត្តសៀមរាបមានទេសភាពស្អាតៗ និងប្រាសាទជា
　　　ច្រើន។

លក្ស្មី： ហ្នឹងហើយ បង! ហើយខ្ញុំឮថា នៅសៀមរាបមានភ្ញៀវទេសចរច្រើន
　　　　ណាស់មែនទេ？

មេរៀនទី២៣ របណ៌ាយដ្ឋានទេសចរណ៍   第二十三课   柬埔寨的风景名胜

ផុន ៖   មែនហើយ ប្អូន។ សៀមរាបឥឡូវមានកន្លែងស្នាក់នៅ និងកន្លែងកម្សាន្ត
        ច្រើនជាងមុន។
លក្ស្មី ៖ ចាស បង! ចុះប្រាសាទញញនោះ តើប្រាសាទណាដែលល្បី និងស្អាតជាងគេ?
ផុន ៖   ខ្ញុំគិតថា ប្រាសាទអង្គរវត្ត ហើយអ្នកខ្លះគេហៅថា អង្គរតូច ប្រាសាទនោះ
        ស្អាតណាស់។
លក្ស្មី ៖ ខ្ញុំសូមអរគុណច្រើន បង។ ប្អូននឹងនាំគ្រួសាររបស់បងទៅលេងកម្សាន្តនៅ
        ទីនោះហើយ។

ខ. ក្រុងព្រះសីហនុ
情景2   西哈努克市

ផុន ៖   សួស្តី ប្អូនលក្ស្មី! យ៉ាង
        ម៉េចហើយ សុខសប្បាយ
        ទេ?
លក្ស្មី ៖ សួស្តី បងផុន! ខ្ញុំសុខ
        សប្បាយទេ។ ចុះបងវិញ
        នោះ?
ផុន ៖   ដូចគ្នា ប្អូន។ និយាយអីចឹង! ប្អូនធ្លាប់ទៅលេងក្រុងព្រះសីហនុទេ?
លក្ស្មី ៖ ចាស បង! កាលពីឆ្នាំទៅ ខ្ញុំធ្លាប់ទៅលេងជាមួយនឹងមិត្តភក្តិម្តង។
ផុន ៖   ល្អណាស់! ហើយចុះនៅទីនោះមានទេសភាពយ៉ាងម៉េចដែរ?
លក្ស្មី ៖ ទីនោះមានធម្មជាតិស្រស់បំព្រង ទឹកសមុទ្រផំល្អឡើងល្អើយ និងទំនិញគ្រប់
        ប្រភេទ។
ផុន ៖   ហើយចុះផ្ទះសំណាក់ឬសណ្ឋាគារវិញនោះ តម្លៃយ៉ាងម៉េចដែរ?
លក្ស្មី ៖ តម្លៃសមរម្យបង គឺអាចទទួលយកបាន។ ទីនោះគ្មានបញ្ហាចោទនោះទេ។
ផុន ៖   ពិតជាប្រសើរមែន។ បងគិតថា សប្តាហ៍ក្រោយទៅលេងនៅទីនោះហើយ។

លក្ខី ៖ មានអីបង! ផ្លើតពេលដើរកម្សាន្តខ្លះទើបល្អបងៗ រាល់ពេកក៏មិនកើតដែរ។

ចុន ៖ មែនហើយ ប្អូន! ប្អូននិយាយត្រូវណាស់។ អរគុណប្អូន! ដែលបានជួយវៀកបង។

លក្ខី ៖ ចាស! មិនអីទេបង។

គ. ភ្នំបូកគោ
情景3　波哥山

លក្ខី ៖ សួស្តី បងចុន! មួយរយៈនេះការងារច្រើនទេ?

ចុន ៖ សួស្តី ប្អូនលក្ខី! មួយរយៈនេះ បងរាល់ច្រើនពេកហើយ។

លក្ខី ៖ បងគួរតែរកពេលដើរកម្សាន្តខ្លះទៅ ទើបខួរក្បាលស្រលះល្អ។

ចុន ៖ អ៊ីចឹង! សប្តាហ៍ក្រោយពួកយើងទៅលេងភ្នំបូកគោតែម្តងទៅ។

លក្ខី ៖ ណ្ហើតី! ខ្ញុំក៏ចង់ទៅកម្សាន្តនៅទីនោះដែរ។ ទីនោះស្អាតទេបង?

ចុន ៖ មិនដឹងដែរ ប៉ុន្តែឮគេថា ទីនោះមានធម្មជាតិស្រស់បំព្រង និងសួនផ្កាច្រមុះពណ៌ទៀងផងៗ។

លក្ខី ៖ ខ្ញុំឮមិត្តភក្តិនិយាយថា ទីនោះមានពពករសាត់ស្អាតណាស់ ហើយយើងក៏អាចប៉ះបានដែរ។

ចុន ៖ មែនហើយ ប្អូន ភ្នំបូកគោមានកម្ពស់ខ្ពស់ ហើយយើងអាចមើលឃើញសមុទ្រថែមទៀត។

លក្ខី ៖ ទំនងណាស់ បង។ តោះ! សប្តាហ៍ក្រោយ យើងដើរលេងឱ្យសប្បាយអស់តែម្តង។

ចុន ៖ បាទ! ហ្នឹងហើយ ប្អូន។

មេរៀនទី២៣ មណីយដ្ឋានទេសចរណ៍ 第二十三课 柬埔寨的风景名胜

២. ពាក្យថ្មី
二、生词

មណីយដ្ឋាន	ន.	风景名胜
ភ្ញៀវទេសចរ	ន.	游客
បំព្រង	គុ.	艳丽的，鲜艳的
ផ្ទះសំណាក់	ន.	旅馆
ចោទ	កិ.	质问，控告
ភ្នំបូកគោ	ន.	波哥山（地名）
ពពក	ន.	云朵
ប៉ះ	កិ.	触及，涉及

៣. ពាក្យថ្មីពាក់ព័ន្ធ
三、拓展词汇——柬埔寨各省市名称汇总

ក្រុងភ្នំពេញ	金边市	ខេត្តសៀមរាប	暹粒省
ខេត្តព្រះសីហនុ	西哈努克省		
ខេត្តកែប	白马省	ខេត្តកំពង់ធំ	磅同省
ខេត្តកំពង់ចាម	磅湛省	ខេត្តកំពង់ស្ពឺ	磅士卑省
ខេត្តកំពង់ឆ្នាំង	磅清扬省	ខេត្តកោះកុង	戈公省
ខេត្តតាកែវ	茶胶省	ខេត្តបាត់ដំបង	马德望省
ខេត្តមណ្ឌលគិរី	蒙多基里省	ខេត្តរតនគិរី	腊塔纳基里省
ខេត្តប៉ៃលិន	拜林省	ខេត្តកំពត	贡布省
ខេត្តក្រចេះ	桔井省	ខេត្តព្រះវិហារ	柏威夏省
ខេត្តកណ្តាល	干丹省	ខេត្តព្រៃវែង	波罗勉省

ខេត្តស្វាយរៀង	柴桢省	ខេត្តស្ទឹងត្រែង	上丁省
ខេត្តពោធិ៍សាត់	菩萨省	ខេត្តឧត្តរមានជ័យ	奥多棉吉省
ខេត្តបន្ទាយមានជ័យ	班迭棉吉省	ខេត្តព្យងឃ្យុំ	特本克蒙省

៤. លំហាត់
四、练习

请根据以下情景，用柬埔寨语进行对话。

你在专业课上需要做一个关于柬埔寨旅游的展示报告，于是你找柬埔寨朋友索披帮忙。他向你介绍了吴哥窟、金边皇宫、西哈努克市、波哥山。你选择了一个心仪的地方，请索披给你提供更多的相关信息。

៥. ការបកប្រែ
五、参考译文

情景 1　吴哥窟

莱斯美：你好，彤！最近过得怎么样？

彤：　　你好，莱斯美！我和往常一样，你呢？

莱斯美：我也一样。噢！你是暹粒人吗？

彤：　　是的！我是暹粒人。

莱斯美：我考虑要带家人去暹粒玩儿一趟呢。

彤：　　好呀！因为在暹粒省，有美丽的风景和很多古老的寺庙。

莱斯美：是啊！我听说暹粒有很多游客，是吗？

彤：　　确实如此。现在暹粒跟以前相比，有很多住的地方和玩儿的地方。

莱斯美：你觉得在那些寺庙中，哪座寺庙最出名、最漂亮？

彤： 我认为是吴哥窟，也有人称之为小吴哥。它是最漂亮的寺庙。
莱斯美：谢谢。我会带家人去那地方玩儿的。

情景2　西哈努克市

彤： 你好，莱斯美！最近还好吗？
莱斯美：你好，彤！我过得还不错，你呢？
彤： 我也一样。你去过西哈努克港吗？
莱斯美：去年我去过一次西哈努克港。
彤： 太棒了！那里的风景怎么样？
莱斯美：那里景色宜人，海面辽阔，物产丰富。
彤： 那里的旅馆或酒店的价格怎么样？
莱斯美：价格适中，可以接受。在那里没有宰客的问题。
彤： 太好了！我下周就去那里玩儿。
莱斯美：没问题！抽时间去旅行挺好的。不要总是过于忙碌。
彤： 是啊！你说得对。谢谢你的提醒。
莱斯美：不客气。

情景3　波哥山

莱斯美：你好，彤！这段时间事情多吗？
彤： 你好，莱斯美！这段时间我很忙。
莱斯美：你应该抽空出去散散心，放松放松才好。
彤： 那我们下个星期一起去波哥山玩儿吧。
莱斯美：好啊！我也想去那个地方看看。那里漂亮吗？
彤： 我不知道呢，但是我听说那个地方植被茂盛，还有五颜六色的鲜花。
莱斯美：我听朋友说，在那个地方有很多美丽的云朵，仿佛触手可及。

彤： 是啊。波哥山很高，而且我们还能看到海。

莱斯美： 那太好了。那下星期一块儿开心出游吧。

彤： 好的。

៦.តើអ្នកដឹងទេ
六、你知道吗

  吴哥窟（Angkor Wat），又称吴哥寺或小吴哥，由苏利耶跋摩二世主持修建。吴哥窟整体宏伟壮观，局部精巧细致，无论是建筑技巧还是艺术成就都达到了极高的水平。吴哥窟被称作柬埔寨国宝，是柬埔寨的灵魂和标志，被当作国家的象征镌刻在柬埔寨的国旗上。吴哥窟是世界上最大的婆罗门教庙宇，同时也是世界上最早的高棉式建筑。吴哥窟坐东朝西，成中心对称布局，包括护城河（河面宽190米，东西长1500米，南北长1350米）、外郭、内城和寺庙主体四大部分。1992年，联合国教科文组织将吴哥古迹列入《世界遗产名录》。此后吴哥窟作为吴哥古迹的重中之重，成为柬埔寨一张靓丽的旅游名片。

扫码收看视频

មេរៀនទី២៤ ភ្នំពេញ
第二十四课　魅力金边

១. ការសន្ទនា
一、情景对话

ក. ប្រវត្តិភ្នំពេញ
情景1　金边的历史

លក្ស្មី： សួស្ដី បងថុន! តើបងកំពុងធ្វើអ្វី?

ថុន： សួស្ដី ប្អូនលក្ស្មី! បងកំពុងអានសៀវភៅហ្នឹងណា! ព្រោះបងចង់ដឹងពីប្រវត្តិភ្នំពេញហ្នឹងឯង។

លក្ស្មី： ចុះក្នុងសៀវភៅប្រវត្តិសាស្ត្រ គេថាម៉េចដែរ?

ថុន： គេថារាជធានីភ្នំពេញកសាងឡើងក្នុងរាជ្យព្រះបាទពញាយ៉ាត នៅឆ្នាំ១៤៣២។

លក្ស្មី： ចុះមុនព្រះអង្គដូរមកភ្នំពេញ តើព្រះអង្គគង់ប្រថាប់នៅរាជធានីណាដែរ?

ថុន： បាទ ប្អូន! មុនព្រះអង្គដូរមករាជធានីភ្នំពេញ គឺព្រះអង្គគង់ប្រថាប់នៅរាជធានីអង្គរ។

លក្ស្មី： អូ! យល់ហើយបង។ អានច្រើនពិតជាចេះច្រើនមែន។ ថ្ងៃក្រោយចង់អានសៀវភៅនឹងបងដែរ។

ថុន： ស្វាគមន៍ជានិច្ច។

ខ. វត្តភ្នំ

情景 2　塔仔山

ថុន：　សួស្ដី ប្អូនលក្ខី! តើប្អូនធ្លាប់ទៅលេងវត្តភ្នំទេ?

លក្ខី：　សួស្ដី បងថុន! ខ្ញុំធ្លាប់ទៅលេងទីនោះពីរបីដងដែរ។

ថុន：　ស្អែកនេះ បងនឹងទៅលេងនៅទីនោះហើយ។

លក្ខី：　តើបងទៅលេងជាមួយនរណាដែរ?

ថុន：　បងទៅជាមួយឪពុកម្ដាយនិងប្អូនស្រីរបស់បងហ្នឹងណា។

លក្ខី：　ដូច្នេះ បងនិងក្រុមគ្រួសារនឹងបានចេករួបជុំគ្នាហើយ។

ថុន：　ពិតជាអុីចឹងហើយ ប្អូន! ព្រោះកម្រខានដើរលេងកម្សាន្តជុំគ្នាណាស់។

លក្ខី：　តើបងដឹងថា នៅវត្តភ្នំគេបានដាំផ្កាជាច្រើន សម្បូរក្លិនស្រស់នៅ មាន អនាម័យ និងសណ្ដាប់ធ្នាប់ល្អណាស់។

ថុន：　អរគុណប្អូនដែលបានប្រាប់បង! បងចង់លេងវត្តភ្នំខ្លាំងណាស់!

លក្ខី：　ចាស! មិនអីទេ បង។

គ. ព្រះបរមរាជវាំង

情景 3　金边皇宫

ថុន：　សួស្ដី លក្ខី! តើប្អូនដឹងថា ព្រះបរមរាជវាំងនៅម៉ុណាទេ?

លក្ខី：　សួស្ដី បងថុន! ព្រះបរមរាជវាំង គឺនៅជិតមាត់ទន្លេចតុមុខ។

ផុន : ចុះនៅខាងណាទន្លេដែរឪន?
លក្ឆ្មី : ចាស បង! នៅខាងលិចទន្លេ។
ផុន : ចុះទ្វារចេញចូលនៅព្រះបរមរាជវាំងមានទ្វារប៉ុន្មានដែរ?
លក្ឆ្មី : ទ្វារចេញចូលនៅព្រះបរមរាជវាំងមាន៥។
ផុន : ចុះសំណង់នៃព្រះបរមរាជវាំងវិញនោះយ៉ាងម៉េចដែរ?
លក្ឆ្មី : ចាស បង! ចំពោះសំណង់វិញនោះ គឺកសាងឡើងតាមស្ថាបត្យកម្មប្រពៃណីជាតិតែម្តង។
ផុន : ចុះឪនមានដឹងទេថា ពណ៌នៃព្រះបរមរាជវាំងតំណាងឱ្យអ្វីខ្លះ?
លក្ឆ្មី : ចាស បង! ពណ៌លឿងតំណាងឱ្យព្រះពុទ្ធសាសនា ១ពណ៌សតំណាងឱ្យព្រហ្មញ្ញសាសនា។
ផុន : ឪនពិតជាចេះច្រើនណាស់។ បងអរគុណដែលឪនជួយពន្យល់បងយ៉ាងក្បោះក្បាយបែបនេះ។
លក្ឆ្មី : ចាស មិនអីទេបង។

២. ពាក្យថ្មី
二、生词

កសាង	កិ.	建造
រាជព្រះបាទពញាយ៉ាត	ន.	奔哈·亚国王（人名）
តំងប្រថាប់	កិ.	放置，放在
វត្តភ្នំ	ន.	塔仔山（地名）
សណ្តាប់ធ្នាប់	ន.	秩序，规矩
បក្សី	ន.	鸟类
សម្បូរ	កិ.	富有，富含
ទ្វារ	ន.	门

ស្ថាបត្យកម្ម	ន.	建筑
ព្រះពុទ្ធសាសនា	ន.	佛教
ព្រហ្មញ្ញសាសនា	ន.	婆罗门教

៣. ពាក្យថ្មីពាក់ព័ន្ធ
三、拓展词汇

សារមន្ទីរជាតិ	国家博物馆
សារមន្ទីរប្រល័យពូជសាសន៍ទួលស្លែង	都斯陵博物馆
វិមានឯករាជ្យ	独立纪念碑
ផ្សារធំថ្មី	新大市场（中央市场）
ផ្សារអូរប្ញស្សី	俄罗斯市场
ផ្សារទួលទំពូង	株德奔市场
ផ្សារទំនើបសុរិយា	苏利亚购物中心
បឹងទន្លេសាប	洞里萨湖
ទន្លេមេគង្គលើ	上湄公河
ទន្លេមេគង្គក្រោម	下湄公河
ទន្លេបាសាក់	巴萨河
សាសនាអ៊ីស្លាម	伊斯兰教
វិហារអ៊ីស្លាម	清真寺
ព្រះពោធិសត្វ	菩萨
ព្រះគម្ពីរ	《圣经》
បន់ស្រន់	祈祷

មេរៀនទី២៤ ភ្នំពេញ 第二十四课 魅力金边 165

៤. លំហាត់
四、练习

请根据以下情景,用柬埔寨语进行对话。

作为一名就读于金边皇家大学的中国留学生,周末你打算和小伙伴们一起出游。你们讨论了众多金边的旅游景点,最后选定了2—3个景点作为一天的旅游路线,最后计划到永旺超市(ផ្សារទំនើប Aeon)吃晚餐。

៥. ការបកប្រែ
五、参考译文

情景1 金边的历史

莱斯美:你好,彤。你在干吗?

彤: 你好,莱斯美。我正在读书。我想知道金边的历史。

莱斯美:历史书上是怎么说的?

彤: 书上说,金边城是在1432年由奔哈·亚国王建造的。

莱斯美:那在国王迁都金边之前,把首都定在哪儿呢?

彤: 在国王迁都金边之前,定都于吴哥。

莱斯美:噢!我知道了。读书多确实懂得多。以后我想和你一起读书。

彤: 没问题。欢迎!

情景2 塔仔山

彤: 你好,莱斯美。你去过塔仔山吗?

莱斯美:你好,彤。我去过那个地方好几次了。

彤: 明天我会去那儿游玩儿。

莱斯美：你和谁一起去呢？
彤：　　我和父母、妹妹一起去。
莱斯美：你们可以拍家庭合影照了。
彤：　　确实如此。我们家很少集体出游呢。
莱斯美：你知道吗，那里现在改造得很漂亮了。人们种了很多花，适合各种鸟类栖息，生态环境良好。
彤：　　谢谢你的介绍。我很期待明天的塔仔山之行。
莱斯美：好的，不客气。

情景3　金边皇宫

彤：　　莱斯美，你知道金边皇宫在哪里吗？
莱斯美：金边皇宫在四臂湾附近。
彤：　　在河的哪边？
莱斯美：在河的西岸。
彤：　　皇宫有几个出入的大门？
莱斯美：有5个大门。
彤：　　皇宫是什么样的建筑风格？
莱斯美：皇宫的建筑是按传统建筑风格修筑的。
彤：　　那你知道，皇宫的颜色代表什么含义吗？
莱斯美：知道！黄色代表佛教，白色代表婆罗门教。
彤：　　你懂得真多！谢谢你给我介绍得这么详细。
莱斯美：不客气。

៦.តើអ្នកដឹងទេ
六、你知道吗

  关于金边的起源，有这样一个传说：600多年前，在四臂湾畔住着一位老妇人，人们都叫她"奔奶奶"，她生活富裕，是一位佛教徒。1372年的一天，阴云密布，大雨滂沱，河水暴涨。待到雨过天晴，奔奶奶到河边打水，看见一棵大树在水面上盘旋。奔奶奶立即招呼邻居，用绳索拴住大树，拖上河岸。奔奶奶打水冲洗掉大树上的污泥后，发现树上有一个洞，里面有4尊铜铸佛像和1尊石神像。奔奶奶和邻居们认为这是天赐之物，便将佛像和神像迎回奔奶奶家中。接着，奔奶奶号召邻居们抬土堆山，在山顶建起一座寺庙用来供奉佛像。在这座寺庙的基础上，渐渐形成了现在的塔仔山。

  金边市就是在奔奶奶的村庄基础上发展起来的。今天塔仔山上建有佛塔和寺庙，上山的入口处有两个石刻的七头蛇神及怪鸟、狮子、佛像等。这里是金边市的制高点，登上山顶可以俯瞰整个金边。塔仔山脚下是一个圆形公园，公园里花木繁茂，空气清新，是人们休憩的好场所。

扫码收看视频

មេរៀនទី២៥ កីឡា
第二十五课 体育锻炼

១. ការសន្ទនា
一、情景对话

ក. ប្រភេទកីឡា
情景1 讨论体育项目

លក្ខី៖ សួស្តី បងថុន! ដូចជាមានកម្លាំងមាំមួនណាស់។

ថុន៖ អូ! មកពីឥឡូវបងលេងកីឡាជាញឹកញាប់ហ្នឹងណា។

លក្ខី៖ និយាយអ៊ីចឹង! តើបងលេង កីឡាអ្វីខ្លះទៅ?

ថុន៖ មានច្រើនណូន ដូចជា បាល់ទាត់ បាល់ទះ រត់ចម្ងាយ និងទាត់សី ។ល។

លក្ខី៖ ចុះកីឡាទាំងនោះ តើប្រភេទកីឡាណាដែលបងចូលចិត្តជាងគេ?

ថុន៖ បងគិតថា ចូលចិត្តកីឡាបាល់ទាត់ជាងគេ ព្រោះបងអាចលេងសហប្រតិបត្តិការនឹងមិត្តភក្តិផ្សេងៗ។

លក្ខី៖ មែនហើយបង ខ្ញុំក៏ឆ្លាប់ឮមិត្តភក្តិនិយាយគ្នាអំពីកីឡាបាល់ទាត់នេះដែរ។

ថុន៖ ហើយចុះឯូនចូលចិត្តលេងកីឡាទេ?

លក្ខី៖ ខ្ញុំចូលចិត្តដែរ ប៉ុន្តែមិនសូវមានពេលវេលាសម្រាប់លេងកីឡាទេ។

មេរៀនទី២៥ កីឡា   第二十五课 体育锻炼   169

ផុន： អូចឹងបួនគូរតែផ្លេតទីបបាន ព្រោះកីឡាសំខាន់ណាស់ចំពោះសុខភាពយើង។
លក្ស្មី： មែនហើយ! ដូច្នេះ ពេលក្រោយ ខ្ញុំនឹងផ្លេតលេងកីឡាជាមួយនឹងបងដែរ។
ផុន： ស្វាគមន៍ជានិច្ច បួនស្រី។
លក្ស្មី： ចាស! អរគុណបង។

ខ. ការលេងកីឡា
情景2　做运动

លក្ស្មី： សួស្តី បងផុន! ល្ងាចនេះបង ទៅលេងកីឡាទេ?
ផុន： សួស្តី ប្អូនលក្ស្មី! ល្ងាចនេះ បងទៅលេងកីឡាតើ!
លក្ស្មី： បងពាក់ស្បៀកអីចឹងមក បងលេងកីឡាបាល់ទះ មែនទេ?
ផុន： បាទ! ពិតហ្នឹងហើយប្អូន។
លក្ស្មី： តើខ្ញុំអាចសុំបងទៅលេងជាមួយបាន ទេ?
ផុន： បាន ប្អូន!វិកវាយជានិច្ចដែលប្អូនទៅលេងកីឡាជាមួយនឹងបង។
លក្ស្មី： ប៉ុន្តែខ្ញុំមិនសូវចេះលេងទេបង។
ផុន： មិនអីទេ! លេងឈ្យរៗទៅនឹងចេះហើយ។
លក្ស្មី： តើក្រុមលេងកីឡាបាល់ទះបងមានប្រហែលប៉ុន្មាននាក់?
ផុន： សព្វថ្ងៃ យើងមានគ្នាលេង៩នាក់ ថែមប្អូន១នាក់ទៀត គឺ១០នាក់ហើយ។
លក្ស្មី： ហើយចុះល្ងាចហ្នឹង យើងចាប់ផ្តើមលេងនៅម៉ោងប៉ុន្មាន?
ផុន： ល្ងាចហ្នឹងពួកយើងចាប់ផ្តើមលេងនៅម៉ោង៥:៣០នាទី។

លក្ខី៖ ចាស បង! ជួបថ្ងៃ ចាំណាចហ្នឹងជួបគ្នា។

ឆុន៖ បាទ ប្អូន។ ជួបគ្នាបន្តិចទៀត!

គ. ប្រយោជន៍នៃការលេងកីឡា

情景 3　锻炼的意义

ឆុន៖ សួស្ដី ប្អូនលក្ខី! យ៉ាងម៉េចហើយ ក្រោយពីបានលេងកីឡាមក?

លក្ខី៖ សួស្ដី បងឆុន! ក្រោយពីបានលេងកីឡាមក ខ្ញុំមានអារម្មណ៍ស្រស់ថ្លាណាស់។

ឆុន៖ ហ្នឹងហើយ ប្អូន! ការលេងកីឡាធ្វើឱ្យសុខភាពរាងកាយយើងរឹងមាំមូនណាស់។ ក្រៅពីសុខភាពផ្លូវកាយ សុខភាពផ្លូវចិត្តក៏ស្រស់ស្រាយដែរ។

លក្ខី៖ ចាស បង! ឥឡូវខ្ញុំយល់ហើយ ខ្ញុំនឹងឆ្លៀតពេលលេងកីឡាឱ្យបានញឹកញាប់។ សូមអរគុណបងច្រើនណាស់ ដែលបានជួយណែនាំខ្ញុំឱ្យលេងកីឡាបាល់ទះនេះ។

ឆុន៖ មិនអីទេ ប្អូន! យើងម្នាក់ៗត្រូវការសុខភាពល្អ។

២. ពាក្យថ្មី
二、生词

បាល់ទាត់	ន.	足球
បាល់ទះ	ន.	排球
ទាត់សី	កិ.	踢毽子

មេរៀនទី២៥ កីឡា   第二十五课 体育锻炼

រហ័សរហួន	កិ.វិ.	快地，敏捷地
មាំមួន	គុ.	强壮的，紧致的，紧实的

៣. ពាក្យថ្មីពាក់ព័ន្ធ
三、拓展词汇

ការប្រកួតប្រជែងកីឡាអូឡាំពិក	奥运会
ពិធីប្រគល់រង្វាន់	颁奖仪式
ជើងឯក	冠军
សត្វសំណាង	吉祥物
មេដាយ	金牌
មេដាយមាស	银牌
មេដាយសំរិទ្ធ	铜牌
ពានរង្វាន់	奖杯
ខ្សែត្រៀមចេញដំណើរ	起跑线
រត់បណ្តាក់គ្នា	接力赛
ល្មើសការកំណត់	犯规
ការប្រកួតបន្ថែមម៉ោង	加时赛

៤. លំហាត់
四、练习

请根据以下情景，用柬埔寨语进行对话。

你的柬埔寨朋友索披最近长胖了，于是他找你来询问减肥的方法。你建议他控制饮食、戒断高糖分和高油分的食物,并时常运动。你向他推荐了几项运动,并阐述了运动的好处。最后邀请他每天下午和你一起做运动。

៥. ការបកប្រែ
五、参考译文

情景 1　讨论体育项目

莱斯美：你好,彤!你最近看起来好像健壮了许多。
彤：　　因为我最近经常运动。
莱斯美：你平时都做哪些运动呢?
彤：　　我做很多种运动,比如足球、排球、跑步和踢毽子等。
莱斯美：那这些运动中,你最喜欢哪种运动?
彤：　　我最喜欢踢足球,因为可以和朋友们团结协作。
莱斯美：是的,我也听过朋友们讨论足球。
彤：　　那你喜欢做运动吗?
莱斯美：我喜欢做运动,但是我不怎么有时间。
彤：　　那你也得抽时间运动才行,因为运动对健康很重要。
莱斯美：没错,所以以后我要抽时间和你一起运动。
彤：　　欢迎!
莱斯美：谢谢!

情景 2　做运动

莱斯美：彤,今天下午你去锻炼吗?
彤：　　是呀,今天下午我去运动。
莱斯美：看你这身衣服,是要去打排球吗?

彤：　是的。

莱斯美：我可以和你一起去吗？

彤：　可以。很高兴你能来。

莱斯美：但是我不怎么会打排球。

彤：　没关系，多练习几次就会了。

莱斯美：你们排球队有多少人？

彤：　现在我们有 9 个人，加上你，一共有 10 个人。

莱斯美：今天下午我们几点钟开始打球呢？

彤：　我们 5 点 30 分开始。

莱斯美：好的。一会儿见！

情景 3　锻炼的意义

彤：　你好，莱斯美！运动完之后你觉得怎么样？

莱斯美：我觉得浑身舒畅。

彤：　那太好了！运动可以使我们的身体变得敏捷和健壮。而且除了让我们身体健康以外，心理上也觉得很舒服。

莱斯美：是啊！现在我知道了，我会经常抽时间锻炼身体的。谢谢你带我来打排球。

彤：　不客气。我们每个人都要有健康的身体。

六、你知道吗

在柬埔寨的体育项目中，足球、篮球是球类体育运动中比较普及且技术水平略高于其他运动的项目。拳击和武术也颇受柬埔寨青年的喜爱。

在柬埔寨，整个社会都非常关注和支持足球运动，特别是年龄在13岁左右的运动员被寄予了厚望，他们大多数会被送到法国乙级俱乐部和德国丙级俱乐部踢球。

类似泰拳的柬式拳击已有千年历史，不少历史文献都有记载，一直是柬埔寨最受欢迎的民间体育运动，保留着柬埔寨地方特色。

មេរៀនទី២៦ ផ្សារទំនើប
第二十六课 超市

扫码收看视频

១. ការសន្ទនា
一、情景对话

ក. ការទៅផ្សារទំនើប
情景 1 去超市

ចុន : សួស្តី លក្ខី!

លក្ខី : សួស្តី បងចុន! គឺខ្ញុំមកបបូលបងទៅផ្សារហ្អឹងណា។

ចុន : អូ! ប្អូនមកបបូលបងទៅផ្សារទំនើបឬទៅផ្សារធម្មតា?

លក្ខី : មិនមែនទៅផ្សារធម្មតាទេបង គឺទៅផ្សារទំនើបណាបង។

ចុន : ចុះប្អូនគិតចង់ទៅផ្សារណាដែរ?

លក្ខី : ចាស បង! ខ្ញុំចង់ទៅផ្សារទំនើប Aeon។

ចុន : អុីចឹង! ត្រូវចំណាយលុយច្រើនបន្តិចហើយ ព្រោះផ្សារទំនើបរបស់របរថ្លៃបន្តិច។

លក្ខី : មែនហើយបង ប៉ុន្តែមិនអីទេ ព្រោះឃ្យូវៗយើងទៅម្តងហ្អឹង។

ចុន : បាទ ប្អូន។ ហើយចុះយើងធ្វើដំណើរតាមមធ្យោបាយអ្វីដែរ?

លក្ខី ៖ ចាស បង ! ពួកយើងត្រូវជិះPassApp ទៅល្អជាង។
ឆុន ៖ ចុះតម្លៃយ៉ាងម៉េចដែរ PassApp ហ្នឹងនោះ?
លក្ខី ៖ ជិះPassApp តម្លៃសមរម្យបង គឺថោកជាងជិះTaxi ទេ។
ឆុន ៖ បាទ !

ខ. នៅក្នុងផ្សារទំនើប
情景 2 在超市里

ឆុន ៖ ផ្សារទំនើបAeonនេះធំណាស់!
លក្ខី ៖ ហ្នឹងហើយ ប្អូន ! ម្យ៉ាងទីនេះក៏ត្រជាក់ស្រួលដែរ។
លក្ខី ៖ ចាស បង ម្យ៉ាងទៀតទីនេះមានរបស់របរច្រើនណាស់។
ឆុន ៖ បាទ ប្អូន ! ពេលដើរមើលទំនិញក្នុងផ្សារAeonបងពេញចិត្តណាស់។
លក្ខី ៖ ព្រោះទំនិញនៅទីនេះល្អៗនិងស្រស់ស្អាត។
ឆុន ៖ ពិតមែនហើយ ! ម្យ៉ាងទៀតនោះ បងគិតថា គុណភាពក៏ល្អប្រើដែរ។
លក្ខី ៖ ចាស បង! ទំនិញល្អ គុណភាពក៏ល្អដែរ។
ឆុន ៖ ប៉ុន្តែតម្លៃក៏ថ្លៃដែរ។
លក្ខី ៖ អ៊ីចឹង ! ថ្ងៃនេះត្រូវចំណាយប្រាក់ច្រើនបន្តិចហើយមើលទៅ។
ឆុន ៖ បាទ ប្អូន! ទំនិញល្អ តម្លៃថ្លៃបន្តិច ប៉ុន្តែយើងក៏អាចប្រើបានយូរដែរ។
លក្ខី ៖ ចាស បង។

មេរៀនទី២៦ ផ្សារទំនើប 第二十六课 超市 177

គ. ការគិតលុយថ្លៃទំនិញ
情景3 结账

ថុន :   សួស្ដី ឱន! ហេតុអ្វីទំនិញផ្សារ
         នេះថ្លៃយ៉ាងនេះ?

បុគ្គលិក : សួស្ដី បងប្រុស ទំនិញថ្លៃ
         បន្តិចមែន ប៉ុន្តែល្អប្រើណាស់។

ថុន :   អ៊ីចឹងទំនិញនៅផ្សារទំនើប
         នេះមានធានាគុណភាពទេ?

បុគ្គលិក : ចាស បង! រាល់ទំនិញទាំង
         អស់ ខាងយើងខ្ញុំធានា
         គុណភាពរយៈពេល១ឆ្នាំ។

ថុន :   អូ! ល្អគេីរ។ បើមានការធានាជូនអ៊ីចឹង បងមានទំនុកចិត្តហើយ ឱន។

បុគ្គលិក : ចាស បង ពិតប្រាកដណាស់។ ចុះបងទិញអ្វីខ្លះថ្ងៃនេះ ?

ថុន :   បងទិញច្រើនដែរ ដូចជា កាបូបលុយ ខ្សែក្រវាត់ ស្បែកជើងនិងខោអាវ១
         កំប្លេ។

បុគ្គលិក : ចាស បង ។តើបងមានត្រូវការអ្វីថែមទៀតទេ?

ថុន :   អត់ទេ ឱន។ ថ្ងៃនេះទិញតែប៉ុណ្ណឹងទេ បើខ្ខះចាំថ្ងៃក្រោយទិញទៀត។

បុគ្គលិក : ចាស បង! ដូច្នេះ ទំនិញបងទាំងអស់ អស់តម្លៃ២០០ ០០០រៀល។

ថុន :   ចុះមានបញ្ចុះតម្លៃជូនអតិថិជនទេ ឱន?

បុគ្គលិក : អធ្យាស្រ័យបងប្រុស មិនមានបញ្ចុះតម្លៃទេ។

ថុន :   អ៊ីចឹង!មិនអីទេ។ អរគុណឱន !

បុគ្គលិក : ចាស បង ! សូមអរគុណច្រើន។

២. ពាក្យថ្មី
二、生词

ផ្សារទំនើប	n.	超市
ថ្លៃ	គុ.	贵的，价格贵的
ពេញចិត្ត	កិ.	满意
គុណភាព	n.	质量
តម្លៃ	n.	价格
អីវ៉ាន់	n.	物品
ធានា	កិ.	保证，保修
ទំនុកចិត្ត	n.	放心，安心
ការប៉ូវលុយ	n.	钱包
ខ្សែក្រវាត់	n.	腰带
ស្បែកជើង	n.	鞋子
កំប្លេ	សំ.នុ.	套
បញ្ចុះ	កិ.	使降低

៣. ពាក្យថ្មីពាក់ព័ន្ធ
三、拓展词汇

ជណ្ដើរយន្ត	自动扶梯	គ្រឿងសម្ផស្សការ	化妆品
គ្រឿងអលង្ការ	珠宝首饰	សម្ភារៈបន្ទប់ដេក	床上用品
ផ្សារទំនើបក្រោមដី	地下超市	សម្លៀកបំពាក់នារី	女装
សម្លៀកបំពាក់បុរស	男装	សម្លៀកបំពាក់កុមារ	童装
កន្សែងរុំក	围巾	ស្ករគ្រាប់	糖果

កាតសមាជិក	会员卡	រទេះដាក់អីវ៉ាន់	购物车
អាហារឆ្អិន	熟食	ថង់ប្លាស្ទិក	塑料袋
ថង់រក្សាបរិស្ថាន	环保袋	អាហារកំប៉ុង	罐头食品
សម្ភារៈប្រើប្រាស់ប្រចាំថ្ងៃ		日用杂货	
ម៉ាស៊ីនស្កេនតម្លៃ		扫描器	
ផ្សារលក់ទំនិញគ្រប់មុខ		百货大楼	

៤. លំហាត់
四、练习

请根据以下情景，用柬埔寨语进行对话。

周末你和小伙伴来到永旺超市购物，你们采购了必要的生活物品、水果蔬菜之后，发现了很多中国进口的产品，但是价格卖得比中国本土高。于是你和小伙伴们讨论是否有意愿购买这些商品。

៥. ការបកប្រែ
五、参考译文

情景1 去超市

彤：　　你好，莱斯美！
莱斯美：你好，彤！我来邀请你去市场。
彤：　　噢！我们是去超市还是普通的市场？
莱斯美：不是去普通的市场，是去超市。
彤：　　你想去哪个超市？
莱斯美：我想去永旺超市哦。

彤： 哦！可能要多花点儿钱了，因为那个超市的东西比较贵。
莱斯美：是的，没关系，因为很久才去一次。
彤： 好的。那我们怎么去？
莱斯美：我们用 PassApp 叫车去吧。
彤： PassApp 叫车的价格怎么样？
莱斯美：PassApp 叫车的价格适中，比坐出租车便宜。
彤： 好的。

情景 2　在超市里

彤： 永旺超市真大啊！
莱斯美：是啊。而且也很凉快。
彤： 每次看到永旺超市的商品，心里就觉得很满足。
莱斯美：主要是这里的东西品质很好，外观也很漂亮。
彤： 确实如此！我觉得质量也很好。
莱斯美：是啊。东西好，质量好。
彤： 不过价格有点儿贵。
莱斯美：是啊。看起来今天要多花点儿钱了。
彤： 虽然贵一点儿，但质量好，我们使用的时间也长一些，还是划算的。
莱斯美：是的。

情景 3　结账

彤： 你好！为什么这个超市的东西这么贵呢？
工作人员：你好！东西是有点儿贵，但是很好用。
彤： 好吧！这个超市的东西有质保服务吗？
工作人员：有的！我们所有的商品都有一年质保期。

彤：　　　　哦！很好。如果有这样的质保服务，那我就放心了。
工作人员：确实如此！你今天买了什么呢？
彤：　　　　我买了好多东西，比如钱包、腰带、鞋子和一套衣服。
工作人员：还有什么需要吗？
彤：　　　　没有了。今天就买这些，如果有缺的日后再买。
工作人员：好的，那这些商品一共是 200000 瑞尔。
彤：　　　　有给顾客的折扣吗？
工作人员：抱歉，没有折扣。
彤：　　　　好的，没关系。谢谢。
工作人员：谢谢！

៦. តើអ្នកដឹងទេ
六、你知道吗

  柬埔寨农业资源丰富，自然条件优越，土地肥沃，水量充沛，农、林、渔、牧业发展潜力较大，农产品加工业前景广阔，全国85%以上的人口从事农业，全国耕地面积约670万公顷。

  柬埔寨的农产品种植结构比较单一，单位产量低。耕作、种植、管理方式都比较原始和简单，销售市场尚未完全规范。柬埔寨国内缺少规模化的农产品加工厂，加工能力十分有限，大部分产品以初级形式直接出口，另有少量供应国内消费。柬埔寨的粮食作物主要有稻米、玉米、白薯、木薯和豆类。经济作物主要有橡胶、胡椒、豆蔻、芝麻、花生、咖啡、热带水果、糖棕、蚕桑、麻等。

មេរៀនទី២៧ ផ្សារ
第二十七课 市场

扫码收看视频

១. ការសន្ទនា
一、情景对话

ក. ការទៅផ្សារ

情景 1 去市场

ចុន： សួស្តី លក្ខី! ហើយចុះប្រញាប់ទៅណាដែរហ្នឹង?

លក្ខី： អូ! សួស្តី បងចុន! គឺខ្ញុំប្រញាប់ទៅផ្សារហ្នឹងណា។

ចុន： តើឯងទៅផ្សារណាដែរទៅ?

លក្ខី： ចាស បង! ខ្ញុំទៅផ្សារអូរឬស្សី។

ចុន： បងឮថា ផ្សារនោះមានទំនិញច្រើនមុខណាស់។

លក្ខី： ចាស បង! ម្យ៉ាងទៀត តម្លៃទំនិញនៅផ្សារអូរឬស្សីក៏សមរម្យដែរ។

ចុន： ពិតហើយ ប្អូន។ អីចឹង! ប្អូនគិតជះអ្វីដើម្បីទៅផ្សារហ្នឹង?

លក្ខី： ខ្ញុំគិតថា ជិះឡានក្រុងណាបង ព្រោះតូរថ្លៃជាងជិះតាក់ស៊ី។

ចុន： ហ្នឹងហើយ ប្អូន! អីចឹង! ប្អូនប្រញាប់ទៅចុះណាទាន់ព្រឹកត្រជាក់ស្រួល។

មេរៀនទី២៧ ផ្សារ 第二十七课 市场 183

លក្ខី៖ ចាស បង! ជូនថ្ងៃ: ខ្ញុំសូមលាបងសិនហើយ។
ផុន៖ បាទ!

ខ. ការទិញម្ហូប
情景2 买菜

លក្ខី៖ បងផុន! បងទៅផ្សារមែនទេ?
ផុន៖ បាទ លក្ខី! បងទៅផ្សារទិញម្ហូប។
លក្ខី៖ ថ្ងៃហ្នឹងបងគិតចង់ធ្វើម្ហូបអ្វីដែរ?
ផុន៖ ថ្ងៃនេះ បងនឹងធ្វើសម្លកូរ។
លក្ខី៖ ទំនងណាស់បងសម្លកូរសាច់គោឬសាច់ត្រី?

ផុន៖ សម្លកូរសាច់ត្រី។ ហើយចុះប្អូនវិញ?
លក្ខី៖ អូ! ថ្ងៃហ្នឹងខ្ញុំធ្វើម្ហូបឆ្អើរឆា្អក់សាច់គោ។
ផុន៖ អ៊ីចឹង!! ទៅផ្សារជាមួយគ្នាទេ?
លក្ខី៖ អត់ទេ បង! ព្រោះសាច់និងបន្លែខ្ញុំទិញទុកក្នុងសេពីណាចមិញរួចហើយ។
ផុន៖ អូ! ល្អតើចឹង! ដើម្បីកុំឱ្យពិបាកមកផ្សារញឹកញាប់។
លក្ខី៖ ហើយបងស្ងោរក់បន្លែអ្វីខ្លះទៅ?
ផុន៖ បាទ! បងនឹងស្ងោរក់ស្លឹកម្រះ ស្លង គ្រប់វិញ្ញ និងផ្កាក្រសាំង។
លក្ខី៖ គ្រាន់តែឮបងរៀបរាប់ខ្ញុំដូចជាចង់ស្រក់ទឹកមាត់បាត់ទៅហើយ។
ផុន៖ ហ្នឹងហើយ ប្អូន ព្រោះសម្លកូរមានរសជាតិឆ្ងាញ់និងឋិនឈ្លុយណាស់។
លក្ខី៖ ចាស បង! អ៊ីចឹង! បងទៅផ្សារចុះដើម្បីប្រញាប់មកធ្វើម្ហូបវិញ។
ផុន៖ បាទ ប្អូន ជូនថ្ងៃ: បងលាសិនហើយ។

គ.ការទិញផ្លែឈើ
情景3　买水果

អតិថិជន：　សួស្ដី ប្អូន តើផ្លែឈើប្អូននាំ
　　　　　　យកមកពីណាវិញ？

អ្នកលក់：　សួស្ដី បង ផ្លែឈើទាំងនេះនាំ
　　　　　　យកពីចម្ការហ្នឹងណា។

អតិថិជន：　ចុះផ្លែឈើទាំងនេះមានប្រើជី
　　　　　　គីមីដែរឬទេ？

អ្នកលក់：　គ្មានទេ បង！ផ្លែឈើទាំងនេះគឺ
　　　　　　ធម្មជាតិពិតៗឥតបន្លំឡើយ។

អតិថិជន：　ផ្លែឈើទាំងនេះមើលទៅ
　　　　　　ស្រស់ៗណាស់។

អ្នកលក់：　ចាស បង！ទើបតែយកមកលក់ព្រឹកមិញនេះឯង។

អតិថិជន：　ចុះសារម៉ារ៉ុង១គីឡូថ្លៃប៉ុន្មានដែរ ប្អូន？

អ្នកលក់：　ចាស បង！សារម៉ារ៉ុង១គីឡូថ្លៃ៥០០០រៀល？

អតិថិជន：　អាចចុះថ្លៃបន្តិចបានទេ ព្រោះបងនឹងទិញថែមទៀត។

អ្នកលក់：　សុំទោស បង！ផ្លែឈើនៅទីនេះល្អណាស់ ហើយលក់មិនកាត់ថ្លៃទេ។

អតិថិជន：　អូ បងយល់ហើយ។ ចុះផ្លែមៀន១គីឡូថ្លៃប៉ុន្មានដែរ？

អ្នកលក់：　ចាស បង！ផ្លែមៀន១គីឡូថ្លៃ៧០០០រៀល។

អតិថិជន：　អុីចឹង ខ្ញុំប់ឱ្យបងសារម៉ារ៉ុង១គីឡូនិងមៀន១គីឡូមក ហើយគិតលុយមក
　　　　　　ប្អូន។

អ្នកលក់：　ចាស បង！ទាំងអស់ អស់១២០០០រៀល។

អតិថិជន：　បាទ ប្អូន។

២. ពាក្យថ្មី
二、生词

ប្រញាប់	កិ.	着急，急忙
ឡានក្រុង	ន.	公共汽车
តាក់ស៊ី	ន.	出租车
ទាន់	កិ.	赶上，迅速地
ឡុកឡាក់សាច់គោ	ន.	炒牛肉
ស្ទុ	កិ.	搭配
ស្លឹកម្រះ	ន.	罗勒叶
ល្ហុង	ន.	木瓜
ត្រប់ពេញង	ន.	茄子
ផ្កាក្រសាំង	ន.	酸果树花
ស្រក់	កិ.	滴下，沥下
រសជាតិ	ន.	味道
ក្លិន	ន.	气味
ឈួយ	គុ.	香气扑鼻的，香味诱人的
ជីគីមី	ន.	化肥
បន្លំ	កិ.	蒙混，以次充好
សារម៉ាវ	ន.	红毛丹
ផ្លែមៀន	ន.	龙眼
គីឡូ	ន.	千克

៣. ពាក្យថ្មីពាក់ព័ន្ធ
三、拓展词汇

ស្រកានាគ	火龙果	គូលែន	荔枝
ស្ត្របឺរី	草莓	ស្វាយ	芒果
ដំឡូងបារាំង	土豆	ត្រាវ	芋头
ខ្ទឹមបារាំង	洋葱	ប៉េងប៉ោះ	西红柿
សណ្ដែកបណ្ដុះ	豆芽	មើមឈូក	藕
សាច់ខ្លាញ់	肥肉	សាច់សុទ្ធ	瘦肉
សាច់ដុំ	肉块	សាច់ចំណិត	肉片
ស្លាបមាន់	鸡翅	ទឹកស៊ីអ៊ីវ	酱油
ទឹកខ្មេះ	醋	ប្រេងឆា	食用油

៤. លំហាត់
四、练习

请根据以下情景，用柬埔寨语进行对话。

彤和莱斯美相约去市场买水果和蔬菜作为晚餐的原材料。莱斯美打算做鱼肉酸汤，因此她需要鱼、罗勒叶、柠檬草、茄子、酸果树花；彤打算做水果沙拉（សាឡាដផ្លែឈើគ្រប់មុខ），因此他需要买柠檬、芒果、草莓、木瓜。彤和莱斯美先来到超市，买了做鱼肉酸汤的原材料，然后一起坐突突车到中央市场（ផ្សារកណ្ដាល）买水果。在水果摊上，彤和摊主讲价，将原价3美元1千克的木瓜，砍价到每千克7500瑞尔。

មេរៀនទី២៧ ផ្សារ 第二十七课 市场

៥. ការបកប្រែ
五、参考译文

情景 1　去市场

彤：　　你好，莱斯美！你急着去哪儿呢？
莱斯美：哦！你好，彤！我急着去市场呢。
彤：　　你去哪个市场？
莱斯美：我和妈妈去乌亚西市场。
彤：　　我听说，那个市场有很多东西呢。
莱斯美：是的！而且乌亚西市场的商品价格很适中。
彤：　　确实如此。你打算坐什么交通工具去？
莱斯美：我打算坐公交车去，因为比坐出租车便宜。
彤：　　是的！趁着早上凉快，你赶快去吧！
莱斯美：是的，那我先走了。
彤：　　好的。

情景 2　买菜

莱斯美：彤，你去市场吗？
彤：　　是的，莱斯美。我去市场买菜。
莱斯美：今天你打算做什么菜？
彤：　　今天我打算做杂菜炖汤。
莱斯美：很不错。牛肉汤还是鱼肉汤？
彤：　　鱼肉汤。你呢？
莱斯美：今天我做炒牛肉。
彤：　　这样啊！那一起去市场吗？

莱斯美：不了！因为我昨天就把肉和菜买好放冰箱了。

彤：　　噢！很好！这样就可以不用经常去市场了。

莱斯美：那你想搭配些什么菜呢？

彤：　　我想搭配罗勒叶、木瓜、茄子、酸果树花。

莱斯美：听着我都要流口水了。

彤：　　是啊，因为杂菜汤的味道很好，香味也迷人。

莱斯美：是啊，那么为了早点儿回来做饭，你去市场吧。

彤：　　好的，那么我先走了。

情景3　买水果

顾客：你好！请问这是哪里的水果？

店员：你好！这是我们店从果园直接进来的货。

顾客：这些水果施了化肥吗？

店员：没有！这些都是纯天然无公害的水果。

顾客：看起来很新鲜。

店员：是啊。今早上才拿过来的呢。

顾客：红毛丹1千克多少钱？

店员：红毛丹1千克5000瑞尔。

顾客：能降点儿价吗？因为我会多买点儿。

店员：对不起。这些水果都很好，都不降价卖。

顾客：哦，我知道了。那龙眼1千克多少钱？

店员：龙眼1千克7000瑞尔。

顾客：给我打包1千克红毛丹和1千克龙眼吧，一块儿结账。

店员：好的，一共是12000瑞尔。

顾客：好的。

៦. តើអ្នកដឹងទេ
六、你知道吗

    在柬埔寨有用服装颜色代表星期的古老风俗，古代柬埔寨人用星宿和颜色表示一周中的每一天，太阳和红色代表星期日，月亮和橙色代表星期一，火星和紫色代表星期二，水星和绿色代表星期三，木星和灰白色代表星期四，金星和蓝色代表星期五，土星和黑色代表星期六。人们穿着的衣服也根据这一风俗每天更换不同的颜色。由于白色在柬埔寨象征着死亡，因此星期四改穿浅绿色的衣服。如今在日常生活中，柬埔寨人已经不再严格遵照这样的穿衣风俗了，只有在举行宗教仪式或国家庆典时会遵照这种习俗。

    随着社会的发展和外来文化的影响，现代柬埔寨人的衣着已有很大的变化。人们喜欢穿各式衬衣、T恤、西装等，女士服饰形式多样、色彩更加艳丽。

មេរៀនទី២៨ ទូរស័ព្ទដៃ
第二十八课 手机

扫码收看视频

១. ការសន្ទនា
一、情景对话

ក. ម៉ាកទូរស័ព្ទដៃ
情景1 谈论手机品牌

លក្ខី៖ សួស្តី បងចុន!បងប្រើទូរស័ព្ទដៃម៉ាកអ្វី?

ចុន៖ សួស្តី ប្អូនលក្ខី!សព្វថ្ងៃបងប្រើទូរស័ព្ទដៃម៉ាក OPPO ។

លក្ខី៖ ទូរស័ព្ទដៃម៉ាក OPPO ហ្នឹងមានតម្លៃយ៉ាងម៉េចដែរបង?

ចុន៖ ធម្មតា មិនសូវថ្លៃទេ។

លក្ខី៖ ចុះទូរស័ព្ទដៃបងប្រើយូរហើយឬនៅ?

ចុន៖ ទូរស័ព្ទដៃបងប្រើអស់រយៈពេល២ឆ្នាំហើយ។

លក្ខី៖ គុណភាពរបស់វាយ៉ាងម៉េចដែរបង ធានាដែរឬទេ?

ចុន៖ បាទ ប្អូន!តាំងពីបងប្រើមក វាមិនដែលខូចម្ដងណាឡើយ។

លក្ខី៖ គុណភាពល្អយ៉ាងនេះ!ថ្ងៃស្អែក ខ្ញុំនឹងទៅមើលសិន។

ផុន : ចុះទូរស័ព្ទដៃចាស់របស់អូន រាខូចហើយមែនទេ?
លក្ខី : វាមិនខូចទេ ប៉ុន្តែខ្ញុំប្រើវារយៈពេល៨ឆ្នាំហើយ។
ផុន : អូ! បានយូរណាស់។ ដូច្នេះ សមលុះនឹងទិញទូរស័ព្ទថ្មីហើយ។
លក្ខី : ចាស បង!

ខ. ការទិញទូរស័ព្ទដៃ
情景2 买手机

បុគ្គលិក : ជម្រាបសួរ បង! តើបងត្រូវការទិញទូរស័ព្ទដៃទេ?
ផុន : បាទ ប្អូន! តើហាងប្អូនមានលក់ទូរស័ព្ទម៉ាកអ្វីខ្លះទៅ?
បុគ្គលិក : មានលក់ម៉ាកទូរស័ព្ទគ្រប់ប្រភេទ បង! មើលសិនក៏បាន។
ផុន : បាទ ប្អូន! ចុះម៉ាក Xiaomi 10 Pro ថ្លៃប៉ុន្មានដែរ?
បុគ្គលិក : ម៉ាកហ្នឹងគឺមានតម្លៃចាប់ពី ៤៦០ដុល្លារឡើងទៅ។
ផុន : ហើយ ONE PLUS 6T មួយគ្រឿងថ្លៃប៉ុន្មាន?
បុគ្គលិក : ចាស បង! ONE PLUS 6T មួយគ្រឿងថ្លៃ៥៥០ដុល្លារ។
ផុន : ចុះម៉ាកOPPO វិញតម្លៃយ៉ាងម៉េចដែរ ប្អូនស្រី?
បុគ្គលិក : ចាស បង! ម៉ាកOPPO សេរីថ្មី មួយគ្រឿង៧០០ដុល្លារ។
ផុន : អីយ៉ា! ថ្លៃបង្គួរដែរតើ! ហើយម៉ាក OPPO នេះល្អប្រើទេ?
បុគ្គលិក : ល្អប្រើ បង! វាមានល្បឿនលឿន ថ្កាន់បានយូរ ថតរូបច្បាស់ណាស់។
ផុន : អីចឹង! បងយកម៉ាក OPPO សេរីថ្មី មួយគ្រឿង។

បុគ្គលិក ៖ ចាស បង ! ប្អូននឹងរៀបចំជូន។
ថុន ៖ អរគុណ ប្អូន។

គ.ការគិតលុយថ្លៃទូរស័ព្ទដៃ
情景3　结账

ថុន ៖ ប្អូនស្រី ជួយគិតលុយឱ្យបង
បន្តិច។

បុគ្គលិក ៖ ចាស បង តើបងគិតជាលុយខ្មែរ
ឬលុយដុល្លារ?

ថុន ៖ គិតជាលុយខ្មែរមក ប្អូន។

បុគ្គលិក ៖ អូចឹង ! ១ដុល្លារស្មើលុយខ្មែរ
៤១០០រៀល ដូច្នេះ ថ្លៃទូរស័ព្ទដៃបងចំនួន២ ៨៧០ ០០០រៀល បងអាចគិត
លុយតាមកាតធនាគារ ឬលុយសុទ្ធ ឬក់តាមទូរស័ព្ទដៃ។

ថុន ៖ បងប្រើតាមរយៈទូរស័ព្ទដៃហើយ ងាយស្រួលជាង។

បុគ្គលិក ៖ ចាស បង ! សូមអរគុណច្រើន ដែលបងបានទិញទូរស័ព្ទដៃនៅហាង
យើង។

ថុន ៖ បាទ ! មិនអីទេ ប្អូន។

២. ពាក្យថ្មី
二、生词

ម៉ាក	ន.	品牌
សេរី	ន.	款式
អង្គផុក	កិ.	存储

អាស្រ័យ	កិ.	依靠，依赖
គ្រឿង	សំ.នុ.	部，个
ដុល្លារ	ន.	美元
ថ្ម	ន.	电池
លុយសុទ្ធ	ន.	现金
ស្មើ	កិ.	等于，相等

៣. ពាក្យថ្មីពាក់ព័ន្ធ
三、拓展词汇

លក់បញ្ចុះតម្លៃ	促销	ដូរយកលុយវិញ	退货
ដូរយកទំនិញថ្មី	换货	ធានាជួសជុល	保修
កាតម៉េមមូរី	存储卡	ថ្មអាគុយ	电池
ថ្មសាក	充电电池	ឆ្នាំងសាក	充电器
កាតគណទាន	信用卡	វិក្កយបត្រទិញអីវ៉ាន់	购物小票
កាមេរ៉ាឌីជីថល	数码相机		

៤. លំហាត់
四、练习

请根据以下情景，用柬埔寨语进行对话。

在手机店里，店员给你展示了以下三款手机，并分别介绍了这三款手机的特点。你经过比较参数和分析自己的需求后，选择了一款心仪的手机，用信用卡付款。

手机类型	华为 Mate30	小米 10	iPhone 11
内存容量	8GB	8GB	4GB
电池续航	34 小时	18 小时	15 小时
相机像素	4000 万	2000 万	1200 万
手机特点	1. 续航持久。 2. 使用过程流畅，玩儿游戏不卡顿。	1. 摄像机有 AI 美颜功能。 2. 强大的散热功能。	1. 后置双摄像头，拍照清晰。 2. 款式最新，功能最强大。
售价	670 美元	570 美元	870 美元

៥. ការបកប្រែ
五、参考译文

情景 1　谈论手机品牌

莱斯美：你好，彤。你用什么品牌的手机？

彤：　　你好，莱斯美。现在我用的是 OPPO 手机。

莱斯美：OPPO 手机的价格怎么样呢？

彤：　　还可以，不是很贵。

莱斯美：那你的手机用多久了？

彤：　　我的手机用了两年了。

莱斯美：质量怎么样呢，有保障吗？

彤：　　自从我使用以来，它从没坏过。

莱斯美：质量真不错，明天我去看看。

彤：　　你的手机坏了吗？

莱斯美：我的手机没坏，但是我已经用了 4 年了。

彤：　确实，那用了很久，可以买个新手机了。
莱斯美：是的。

情景 2　买手机

店员：　您好！您需要买手机吗？
彤：　是的，店里面有哪些牌子的手机？
店员：　我们这里各种牌子的手机都有！您先看看。
彤：　好的。小米 10Pro 多少钱？
店员：　这款手机是 420 美元起。
彤：　那一加手机 6T 是多少钱？
店员：　一加手机 6T 是 550 美元。
彤：　那 OPPO 手机的价格怎么样？
店员：　最新款的 OPPO 手机是 700 美元。
彤：　哎呀，好贵啊！OPPO 手机好用吗？
店员：　很好用。它的速度很快，电池寿命长，拍照清晰。
彤：　那我要一部最新款的 OPPO 手机吧。
店员：　好的，我去给您准备一下。
彤：　谢谢。

情景 3　结账

彤：　你好。请帮我结下账。
店员：　好的。您是按柬埔寨货币结算还是美元结算？
彤：　按柬埔寨货币结算。
店员：　好的。1 美元等于 4100 瑞尔，您的手机一共是 2470000 瑞尔。您可以用银行卡、现金或者手机支付。

彤： 我用手机支付好了，更方便。

店员： 好的！谢谢您在我们店里购买手机。

彤： 不客气。

៦．តើអ្នកដឹងទេ
六、你知道吗

　　近年来，柬埔寨电信业发展迅猛，在柬埔寨人民生活水平日益提高的今天，移动电话的普及率越来越高，尤其是首都金边，电话拥有率居全国之首。我们都知道，中国通信业有三大巨头：移动、电信和联通。在柬埔寨，用户量排名前三位的电话公司为：（1）Cellcard 公司（自 1998 年开始运营，以网速快而著称，现已成为柬埔寨高效益、高品质的标志性企业）；（2）Smart 公司（目前已为超过 800 万顾客提供服务，有着丰富多元的业务，是柬埔寨国内首家推行 4G 网络的通信公司）；（3）Metfone 公司（成立于 2009 年，与上述两家大型通信公司竞争，目前是柬埔寨提供最快的 3G、4G LTE 服务且信号覆盖最全的运营商）。

扫码收看视频

មេរៀនទី២៩ បណ្ដាញអ៊ីនធឺណិត
第二十九课　网络生活

១. ការសន្ទនា
一、情景对话

ក. បណ្ដាញអ៊ីនធឺណិត
情景 1　互联网

ឆុន： សួស្ដី បងសុភា!បងកំពុងមើលអ្វីហ្នឹង?

សុភា： សួស្ដី ឆុន! ខ្ញុំកំពុងមើលវីដេអូឃ្លីបលើ Tik Tok ។ នេះគឺវីដេអូឃ្លីបរបស់អ្នកចម្រៀងនារីខ្មែរម្នាក់។

ឆុន： មើលទៅ គួរឱ្យចាប់អារម្មណ៍មែន! ចុះតើ Tik Tok ជាកម្មវិធីបែបណាដែរ?

សុភា： បាទ! កម្មវិធី Tik Tok ជាកម្មវិធីបណ្ដាញទំនាក់ទំនងសង្គមបែបវីដេអូឃ្លីប។ មនុស្សគ្រប់រូបសុទ្ធតែអាចបង្ហោះវីដេអូឃ្លីបដែលថតដោយខ្លួនឯងទៅលើកម្មវិធី Tik Tok ដើម្បីចែករំលែកជាមួយអ្នកផ្សេងៗ។

ឆុន： ល្អណាស់! ប្អូនក៏ចង់ស្វែងសុំគណនីក្នុងកម្មវិធី Tik Tok មួយដែរ។

សុភា ៖ បាទ ប្អូន! ពេលមានគណនីក្នុងកម្មវិធី Tik Tok រួចហើយ ប្អូននឹងអាចផ្សព្វផ្សាយរបៀបមុិននិងខ្មែរជូនប្រជាជនសាកលលោកបាន។

ចុន ៖ ហ្នឹងហើយ! បណ្ដាញអុីនធឺណិតដូចបានធ្វើឱ្យពិភពលោកាន់តែតូច ហើយមនុស្សគ្រប់រូបសុទ្ធតែអាចទាក់ទងប្រាស្រ័យជាមួយអ្នកផ្សេងតាមបណ្ដាញអុីនធឺណិតបាន។

សុភា ៖ មែនហើយ។ បណ្ដាញអុីនធឺណិតក៏បានផ្ដល់ឱកាសមួយសម្រាប់កម្ពុជាចូលរួមសកលភាវូបនីយកម្មផងដែរ។

ចុន ៖ ប្អូនក៏យល់អុីចឹងដែរ! បណ្ដាញអុីនធឺណិតនឹងជំរុញឱ្យរបៀបខ្មែរកាន់តែរុងរឿង។

២. បណ្ដាញទំនាក់ទំនងសង្គម
情景2 社交网络

ចុន ៖ សួស្ដី បងសុភា! ពេលធម្មតា បងប្រើបណ្ដាញទំនាក់ទំនងសង្គមអ្វីដែរ?

សុភា ៖ សួស្ដី ប្អូនចុន! បងប្រើកម្មវិធីបណ្ដាញទំនាក់ទំនងសង្គមច្រើនមុខ ដូចជា Facebook វីណាត QQ និង Telegram ជាដើម។

ចុន ៖ ហ្នឹងហើយបង! ខ្ញុំចង់ថែម បងចូលបញ្ជីមិត្តភក្ដិលើកម្មវិធីវីណាត ព្រោះឥឡូវប្អូនបានបើកគណនីលើកម្មវិធីវីណាតរួចហើយ។

សុភា ៖ បាទបាន។ នេះជា QR Code របស់បង ប្អូនអាចស្គែនរួចថែមប្អូនជាមិត្តភក្ដិបានហើយ។

ផុន : បាទ! ថៃមួយចហើយ។

សុភា : ផុនដឹងទេ? សព្វថ្ងៃហ្នឹង កម្មវិធីវីណាតមិនគ្រាន់តែជាកម្មវិធីបណ្ដាញសង្គមមួយប៉ុណ្ណោះទេ វានៅអាចប្រើក្នុងការទូទាត់ប្រាក់ បង់ថ្លៃទឹកថ្លៃភ្លើង ទិញសំបុត្ររថភ្លើង ថែមទាំងអាចចែករំលែកអត្ថបទនិងរូបតទៀតផង។ វាមានមុខងារច្រើនសម្បើមណាស់!

ផុន : ចំជាអស្ចារ្យមែន! បណ្ដាញសង្គមបានធ្វើឱ្យទំនាក់ទំនងរវាងមនុស្សម្នាកាន់តែជិតស្និទ្ធ។

គ. ការទិញទំនិញតាមអនឡាញ
情景3 网络购物

ផុន : សួស្ដី បងសុភា! ពិតជាចែនួនមែនយើងជួបគ្នាទៀតហើយ។

សុភា : សួស្ដី ប្អូនផុនហ្នឹងហើយប្អូន! យើងពិតជាមាននិស្ស័យមែន។

ផុន : បាទ បង! ហើយចុះបងទៅណាមកណាដែរហ្នឹង?

សុភា : អូ! បងផ្ញៀតទៅញាំកាហ្វេបន្តិច។ ចុះប្អូនវិញនោះ?

ផុន : ខ្ញុំគិតថា ទៅផ្សារទំនើបបន្តិចដើម្បីទិញខោអាវខ្លះ។

សុភា : យើងអាចទិញតាមអនឡាញបានតើ!

ផុន : សូមបងជួយបង្រៀនប្អូនបន្តិចបានទេ?

សុភា : បានតើ! ងាយស្រួលណាស់! យើងគ្រាន់តែដាក់បញ្ចូលឈ្មោះទំនិញលើវេបសាយទំនិញណាក់បាន។

ផុន : ពិតជាអត់ពិបាកអីសោះ! ចុះប៉ុន្មានថ្ងៃ យើងនឹងទទួលទំនិញបាន?

សុភា៖ ពេលឰូនទិញហើយ ពីរបីថ្ងៃក្រោយ គេនឹងយកមកឱ្យហើយ។
ថុន៖ ងាយស្រួលណាស់បង! យើងអាចចំណេញលុយហើយ ចំណេញពេលវេលាទៀត។
សុភា៖ ត្រូវហើយឰូន ព្រោះបច្ចុប្បន្ននេះ មនុស្សណានទៅរកបច្ចេកវិទ្យាទំនើបៗ ខ្លាំងណាស់។
ថុន៖ ខ្ញុំសូមអញ្ជើញបងញាំកាហ្វេជុំគ្នាដែរ រួចទិញទំនិញតាមអនឡាញផង។
សុភា៖ បាទ បាន !អ៊ីចឹង ! គោះទៅញាំកាហ្វេ។

២. ពាក្យថ្មី
二、生词

បណ្តាញអ៊ីនធឺណែត	ន.	互联网
វីដេអូឃ្លីប	ន.	短视频
បង្ហោះ	កិ.	发送，上传
ចែករំលែក	កិ.	分享
ផ្សព្វផ្សាយ	កិ.	传播，发扬
បណ្តាញទំនាក់ទំនងសង្គម	ន.	社交网络
សកលលោក	ន.	世界
សកលភាវូបនីយកម្ម	ន.	全球化
រុងរឿង	គុ.	繁荣的
កម្មវិធី	ន.	应用程序，软件
វីណាត	ន.	微信
ការទូទាត់ប្រាក់	ន.	钱包
ចៃដន្យ	ន.	碰巧，巧合
និស្ស័យ	ន.	缘分

| វេបសាយ | n. | 网站 |
| ផេក | n. | 网页 |

៣. ពាក្យថ្មីពាក់ព័ន្ធ
三、拓展词汇

មើលគេហទំព័រអុីនធឺណិត	浏览网页	កុំព្យូទ័រលើតុ	台式电脑
ម៉ាស៊ីនបោះពុម្ព	打印机	ស្វែងរក	搜索
ដំឡើងប្រព័ន្ធ	安装系统	ផ្ញើហ្វាក់	发传真
រៀបចំនឹងកិបឱ្យបានល្អ		装订	
ម៉ាស៊ីនបញ្ចាំងស្លាយ		投影仪	
វាយម្ដងទៀត	重拨	មីក្រូហ្វូន	麦克风
ម៉ាស៊ីនហ្គេម	游戏机	វេបខេម	网络摄像头
កុំព្យូទ័រយួរដៃ លែបថប់		笔记本电脑	

៤. លំហាត់
四、练习

请根据以下情景，用柬埔寨语进行对话。

情景 1

在新学期第一堂课上，你认识了一位新朋友。你们在介绍完个人信息后，互相交换了微信和QQ。你向她（他）介绍了淘宝上的"双十一"购物节之后，她（他）非常高兴，跟你分享了自己的购物清单。随后你教她（他）如何领取优惠券、加入购物车、用支付宝结算。

情景 2

网红，是网络红人的简称。近年来网红的热度在持续增长，正成为全网焦点与话题中心。现如今的网红以年轻时尚的姿态创造了一种新经济模式——"网红经济"。"网红经济"是以年轻貌美的时尚达人为形象代表，以网红的品位和眼光为主导，进行选款和视觉推广，在社交媒体上聚集人气，依托庞大的粉丝群体进行定向营销，从而将粉丝转化为购买力的一个过程。你和身边同学们是如何看待网红现象及其伴随的"网红经济"呢？

៥. ការបកប្រែ
五、参考译文

情景 1　互联网

彤：　索披，你在看什么呢？

索披：彤，我在看 Tik Tok 上的视频呢。这是一个柬埔寨女歌手的唱歌视频。

彤：　听起来真有意思！Tik Tok 是什么样的软件呢？

索披：Tik Tok 是一个短视频社交软件。每个人都能把自己拍摄的短视频上传到 Tik Tok 上与他人分享。

彤：　真棒呀！我也想注册一个 Tik Tok 账号。

索披：你有了 Tik Tok 账号后，就能向世界人民介绍中国和柬埔寨的文化了。

彤：　对呀。互联网仿佛让世界变小了，每个人都能通过互联网与他人沟通。

索披：是的。互联网也给柬埔寨提供了一个加入全球化进程的机会。

彤：　我也这么认为！互联网会让柬埔寨文化更加繁荣。

情景 2　社交网络

彤：　索披，你平时用什么社交软件吗？

索披：我用很多社交软件，比如Facebook、微信、QQ、Telegram等。

彤：　我想和你加个微信好友，现在我也开通微信账号了。

索披：好的！这是我的二维码，你可以扫码后加我好友。

彤：　好的，我加好了。

索披：彤，你知道吗？现在微信不仅仅是个社交软件，还能用来支付、缴费、买电影票和火车票、分享帖子和照片，功能可多了！

彤：　真厉害呀！社交网络让人们之间的联系更紧密了。

情景3　网络购物

彤：　你好，索披。碰巧又和你见面了。

索披：你好，彤。我们真是有缘啊。

彤：　是啊！你要去哪儿？

索披：我去喝点儿咖啡。你呢？

彤：　我去超市买衣服。

索披：我们可以在网上购物。

彤：　你可以教教我怎么网购吗？

索披：其实很简单，你只需要在购物网站上输入商品名称就可以了。

彤：　没想到这么容易。多长时间可以收到商品？

索披：你下单之后，过两三天商品就会送到你家了。

彤：　太方便了！这样又省钱又省时间。

索披：对啊，因为现在人们更依赖于现代技术。

彤：　今天我请你一起喝咖啡，然后网购。

索披：好的，我们一起去喝咖啡吧。

៦. តើអ្នកដឹងទេ
六、你知道吗

  互联网于 20 世纪末开始在柬埔寨出现，但由于受到各种因素的制约发展缓慢。近年来在政府的大力鼓励和支持下，大量外资和技术涌入，信息产业开始迅速发展。2018 年，柬埔寨网民数量约为 1283 万人，同比增长 21.38%，占总人口的 78.95%。柬埔寨互联网普及率不断提高，预计 2020 年年底，网络将覆盖柬埔寨全国，并使用第五代移动通信系统(5G)，价格将更便宜。随着"一带一路"的推进，世界各国也纷纷加大了对柬埔寨的投资，柬埔寨的移动互联网行业也将迎来快速发展。

扫码收看视频

មេរៀនទី៣០ ធនាគារ
第三十课　银行

១. ការសន្ទនា
一、情景对话

ក. ការធ្វើកាតធនាគារ
情景 1　办理银行卡

បុគ្គលិក： សួស្តី លោក!តើមានអ្វីដែលខ្ញុំអាចជួយបានទេ?

អតិថិជន： សួស្តី ប្អូនស្រី!មានតើ!គឺខ្ញុំចង់ធ្វើកាតធនាគារមួយ។

បុគ្គលិក： តើលោកចង់ជ្រើសរើសក្រុមហ៊ុនណាក្នុងការធ្វើកាតនេះ?

អតិថិជន： សូមប្អូនជួយរៀបរាប់ប្រាប់បន្តិចមើល តើមានក្រុមហ៊ុនណាខ្លះ?

បុគ្គលិក： ចាស លោក!មានក្រុមហ៊ុន Visa Card Master Card និង Union Pay។

អតិថិជន： ភាគច្រើនខ្ញុំទៅធ្វើការនៅប្រទេសចិន ដូច្នេះយក UnionPay ល្អជាង។

បុគ្គលិក： ចាស លោក!តើបងចង់ធ្វើកាតសណ្តាន់ឬកាតសណ្តាទាន?

អតិថិជន： ខ្ញុំចង់យកប្រភេទកាតសណ្តាទាន។

បុគ្គលិក： ខ្ញុំសូមអត្តសញ្ញាណបណ្ណប្អូលីខិតឆ្លងដែនថតចម្លងបន្តិច។

អតិថិជន: បាទ។
បុគ្គលិក: សូមលោកជួយបំពេញព័ត៌មានបន្តិច ជាការស្រេចហើយ។
អតិថិជន: ខ្ញុំនឹងបំពេញជូនឥឡូវនេះឱ្យឪពួកណា។
បុគ្គលិក: ចាសបង !សូមអរគុណច្រើន។

ខ. ការដូរលុយ
情景2 兑换货币

អតិថិជន: សួស្តី ប្អូន ! តើហាងឆេងដូរ
លុយថ្ងៃនេះយ៉ាងម៉េចដែរ?
បុគ្គលិក: សួស្តី បង ! ហាងឆេងថ្ងៃនេះ
មិនខុសពីថ្ងៃម្សិលមិញទេ។
អតិថិជន: ១ដុល្លារ នៅតែ ៤១០០ រៀល
មែនទេ?
បុគ្គលិក: មែនហើយបង ! ក្នុងសប្តាហ៍ហ្នឹងមិនឡើងហើយក៏មិនចុះដែរ។
អតិថិជន: អីចឹង ! បងមិនចាំបាច់រង់ចាំថ្ងៃក្រោយទេ ព្រោះបង់ក៏ប្រញាប់ប្រើដែរ។
បុគ្គលិក: ចាស មែនហើយបង ! ដូរឱ្យ ហើយទៅ ថ្ងៃ១នេះ: បើឡើងក៏មិនឡើងប៉ុន្មាន
ដែរ។
អតិថិជន: ហ្នឹងហើយប្អូន ដូរច្ថេះ បងដូរលុយដុល្លារទៅលុយខ្មែរចំនួន៣០ដុល្លារ។
បុគ្គលិក: អីចឹង !បងត្រូវទទួលបានលុយខ្មែរចំនួន១ ៣១២ ០០០ រៀល។
អតិថិជន: ត្រឹមត្រូវហើយប្អូន គិតតាមហ្នឹងចុះ។
បុគ្គលិក: ចាស បង ! សូមអរគុណច្រើន។

មេរៀនទី៣០ ធនាគារ 第三十课 银行 207

គ. ការដកប្រាក់ចេញពីម៉ាស៊ីន ATM
情景 3 ATM 取款

បុគ្គលិក: សួស្ដី បង មានអ្វីឱ្យខ្ញុំជួយទេ?
អតិថិជន: សួស្ដី ប្អូន បងចង់ដកប្រាក់ពីម៉ាស៊ីន ATM។
បុគ្គលិក: អុីចឹង បងយកកាតដាក់ចូលក្នុងម៉ាស៊ីន ATM សិន។
អតិថិជន: បាទ ប្អូន បងដាក់រួចហើយ ហើយធ្វើយ៉ាងម៉េចទៀត?
បុគ្គលិក: សូមបងរង់ចាំបន្តិច ដើម្បីឱ្យម៉ាស៊ីនដំណើរការសិន បង។
អតិថិជន: ហ្នឹងហើយ ប្អូន! បន្ទាប់មកបងត្រូវបញ្ចូលលេខសម្ងាត់មែនទេ?
បុគ្គលិក: ចាស! គឺបងត្រូវជ្រើសរើសភាសានិងបញ្ចូលលេខសម្ងាត់៦ខ្ទង់។
អតិថិជន: រួចរាល់ហើយប្អូន! ចុះបន្ទាប់មកទៀត ធ្វើយ៉ាងម៉េច?
បុគ្គលិក: បន្ទាប់មកទៀត បងត្រូវជ្រើសរើសប្រភេទគណនីនៃកាតរបស់បង។
អតិថិជន: បាទ ប្អូន!រួចហើយបងត្រូវកំណត់ចំនួនទឹកប្រាក់ដែលត្រូវដកមែនទេ?
បុគ្គលិក: ចាស បង! បងត្រូវជ្រើសរើសក្រដាសប្រាក់និងទឹកប្រាក់ដែលត្រូវដក។
អតិថិជន: បងយល់ហើយ បន្ទាប់មកត្រូវពិនិត្យទឹកប្រាក់និងយល់ព្រមមែនទេ?
បុគ្គលិក: ពិតមែនហើយបង ពេលនោះលុយនឹងធ្លាក់ចេញក្រៅជូនបងហើយ។
អតិថិជន: បងយល់ច្បាស់ណាស់! សូមអរគុណច្រើនប្អូនស្រី។
បុគ្គលិក: មិនអីទេ បង! រីករាយជានិច្ច។

២. ពាក្យថ្មី
二、生词

កាតឥណទាន	n.	信用卡
កាតឥណពន្ធ	n.	借记卡
ដូរលុយ	v.	换钱，兑换货币
ហាងឆេង	n.	行情，汇率
ចំនួន	n.	总数，数量
ម៉ាស៊ីន	n.	机器
ដកប្រាក់	v.	取钱
បញ្ចូល	v.	输入，使进入
លេខសម្ងាត់	n.	密码

៣. ពាក្យថ្មីពាក់ព័ន្ធ
三、拓展词汇

ប្រាក់ក្លែងក្លាយ	假币	ប្រាក់បញ្ញើសកម្ម	活期存款
ប្រាក់បញ្ញើមានកំណត់ពេល	定期存款		
ម៉ាស៊ីនរាប់ចំនួនប្រាក់	点钞机	សៀវភៅប្រាក់បញ្ញើ	存折
បិទគណនី	销户	បើកគណនី	开户
រាយការណ៍ពីការបាត់បង់	挂失	សេវាឯកជន	个人业务
សេវាសហគ្រាស	企业业务	សេវារូបិយវត្ថុបរទេស	外币业务
សេវាគ្រប់គ្រងហិរញ្ញវត្ថុ	理财业务	ឆែកមើលប្រាក់នៅសល់	查询余额

៤. លំហាត់
四、练习

请根据以下情景,用柬埔寨语进行对话。

你是一位初到柬埔寨的中国留学生,需要到加华银行(ធនាគារកាណាឌីយ៉ា)开户,以便获得中国驻柬埔寨大使馆发放的奖学金(អាហារូបករណ៍)。在加华银行里,你在工作人员的指导下,选择办理个人账户以及借记卡。随后你在工作人员的指导下,从 ATM 机上往账户里存入了 200 美元并打印凭条。

៥. ការបកប្រែ
五、参考译文

情景 1 办理银行卡

银行职员:先生,您好。请问有什么可以帮到您?
顾客:　　小姐,你好!我想办理银行卡。
银行职员:您想选择哪家公司的银行卡?
顾客:　　请您给我介绍一下,有哪些银行卡?
银行职员:好的,先生!有维萨卡、万事达卡和银联卡。
顾客:　　我大多数时间在中国工作,所以我选银联卡好了。
银行职员:好的,先生!您需要办借记卡还是信用卡?
顾客:　　我要办理信用卡。
银行职员:请您出示身份证或护照,我们复印留存,作为证明。
顾客:　　好的。
银行职员:请您填写以下表格信息。
顾客:　　我现在就填。

银行职员：好的，非常感谢！

情景 2　兑换货币

顾客：　　你好！今天货币兑换的行情怎么样呢？

银行职员：您好！今天的行情和昨天的差不多。

顾客：　　1 美元还是兑换 4100 瑞尔吗？

银行职员：是的！这周汇率没涨也没跌。

顾客：　　好的！因为我要急用钱，不能再等了。

银行职员：您请换币吧，近期如果汇率上涨也不会涨多少的。

顾客：　　我用 320 美元兑换柬埔寨瑞尔。

银行职员：好的！您兑换的柬埔寨瑞尔为 1312000 瑞尔。

顾客：　　没错。

银行职员：好的，非常感谢！

情景 3　ATM 取款

银行职员：您好，有什么我可以帮您的？

顾客：　　你好，我想用 ATM 机取款。

银行职员：好，您先将卡插入 ATM 机。

顾客：　　我插好了，然后要怎么做？

银行职员：机器运行中，请您稍等片刻。

顾客：　　接下来我应该输入密码了，对吗？

银行职员：是的！您要选择操作语言，输入 6 位密码。

顾客：　　那接下来应该怎么做？

银行职员：接下来您要选择您卡片的账户类型。

顾客：　　然后我要输入取款金额，对吗？

银行职员：是的！您请选择现金类型和取款金额。
顾客：　我知道了，然后要检查金额和确认，是吗？
银行职员：是的，这时现金就会从机器里吐出来了。
顾客：　我知道了！非常感谢。
银行职员：不客气，很高兴帮到您。

៦.តើអ្នកដឹងទេ
六、你知道吗

  第一届全国大选后，柬埔寨政府实行了金融开放政策，允许私人和外资投资银行业务，从而吸引了泰国、马来西亚、法国、中国等银行在柬埔寨设立代表处。1994 年柬埔寨国家银行退出商业性业务后，柬埔寨的商业性银行发展迅速，截至 1996 年底，商业银行有 33 家，如柬埔寨外贸银行、柬埔寨农工商银行，以及一批由政府和私人机构共同创办的银行。根据柬埔寨国家银行 2020 年的报告显示，截至 2020 年 3 月全国共有 51 家商业银行、14 家专业银行和 76 家小额贷款机构。

扫码收看视频

មេរៀនទី៣១ គយ
第三十一课 过海关

១. ការសន្ទនា

一、情景对话

ក. ការធ្វើទិដ្ឋាការ
情景1 办理签证

បុគ្គលិក： សួស្ដី ប្អូន តើមានកិច្ចការអ្វីដែរ?
លីឡៃ： ចាស បង ខ្ញុំចង់ស្នើសុំទិដ្ឋាការទៅប្រទេសកម្ពុជា។
បុគ្គលិក： តើប្អូនទៅធ្វើអ្វីនិងស្នាក់នៅទីនោះរយៈពេលប៉ុន្មាន?
លីឡៃ： ខ្ញុំទៅបន្តការសិក្សាភាសាខ្មែរនិងស្នាក់នៅរយៈពេល១០ខែ។
បុគ្គលិក： អ៊ីចឹងសូមប្អូនឱ្យលិខិតឆ្លងដែនដើម្បីឆែកឆេរមួយសិន។
លីឡៃ： ចាស បាន បង។ នេះជាលិខិតឆ្លងដែនរបស់ខ្ញុំ។
បុគ្គលិក： បាទ ប្អូន! ហើយសូមរូបថតពីរសន្លឹកនិងបំពេញព័ត៌មានបន្ថែមណា។
លីឡៃ： ចាស បង! ហើយបន្ទាប់មក តើខ្ញុំត្រូវធ្វើអ្វីទៀត?
បុគ្គលិក： បន្ទាប់មក ប្អូនត្រូវបង់ប្រាក់៣០០យ័នទៀត។

មេរៀនទី៣១ គយ 第三十一课 过海关

លីឡៃ : ចាស បាន បង !
បុគ្គលិក: ហ្នឹងហើយប្អូន ដូច្នេះ ៣ថ្ងៃក្រោយមកយកឯកសារចុះ។
លីឡៃ : ចាស បង ! សូមអរគុណច្រើន។

៩. ការឆ្លងដែន
情景2 过境

បុគ្គលិក : សូមស្វាគមន៍ ប្អូន !
សូមលិខិតឆ្លងដែនរបស់
ប្អូនបន្តិច។
ហានមេម : ចាស សូមអរគុណ
លោក។ នេះជា
លិខិតឆ្លងដែនរបស់ខ្ញុំ។
បុគ្គលិក : តើប្អូនមកប្រទេសកម្ពុជាធ្វើអ្វីដែរទៅ?
ហានមេម : ចាស ! ខ្ញុំមកកម្ពុជា ដើម្បីសិក្សាអក្សរសាស្ត្រខ្មែរ។
បុគ្គលិក : អូ ! ល្អណាស់ ! ពីមុនមក តើប្អូនធ្លាប់មកកម្ពុជាទេ ?
ហានមេម : មិនធ្លាប់ទេ លោក នេះជាលើកដំបូងហើយចំពោះខ្ញុំ។
បុគ្គលិក : សូមដាក់ម្រាមដៃលើម៉ាស៊ីនស្កេននាប្អូន។
ហានមេម : ចាស ! បន្ទាប់មក តើខ្ញុំត្រូវធ្វើអ្វីទៀតទៅ?
បុគ្គលិក : បន្ទាប់មកទៀត ប្អូនត្រូវទៅថតរូបដើម្បីទុកជាឯកសារ។
ហានមេម : ចាស លោក ! ពេលនេះរួចរាល់ហើយមែនទេ?
បុគ្គលិក : បាទ រួចហើយ ! ប៉ុន្តែកុំភ្លេច១ខែក្រោយត្រូវបន្តទិដ្ឋាការណាប្អូន។
ហានមេម : ចាស ! ខ្ញុំចាំហើយ សូមអរគុណលោក សូមជម្រាបលា !
បុគ្គលិក : មិនអីទេ ! សំណាងល្អប្អូន។

គ. ការត្រួតពិនិត្យ
情景3 安检

បុគ្គលិក： សូមស្វាគមន៍ឰូន!
លីឡឺ： អរគុណលោក តើខ្ញុំត្រូវធ្វើយ៉ាងណា?
បុគ្គលិក： សូមឰូនអញ្ជើញឈរលើក្ដាររនេះ ដើម្បីពិនិត្យខ្លួន។
លីឡឺ： ចាសលោក តើមានបញ្ហាអ្វីទេ?
បុគ្គលិក： គ្មានទេ ចុះវ៉ាលិសរបស់ឰូនហេតុអ្វីធ្ងន់ម្ល៉េះ?
លីឡឺ： ចាសលោក ព្រោះខ្ញុំជានិស្សិត ដូច្នេះមានសៀវភៅច្រើនបន្តិចហើយ។
បុគ្គលិក： ហើយក្រៅពីសៀវភៅនៅមានអ្វីខ្លះទៀតទេ?
លីឡឺ： នៅមានសម្លៀកបំពាក់និងរបស់ប្រើប្រាស់ប្រចាំថ្ងៃខ្លះទៀត។
បុគ្គលិក： ឥឡូវនេះ សូមឰូនបើកវ៉ាលិស ខ្ញុំនឹងឆែកមើលវ៉ាលិសរបស់ឰូន។
លីឡឺ： ចាស បានលោក!គ្មានបញ្ហាទេ។
បុគ្គលិក： ពិនិត្យរួចហើយ គ្មានបញ្ហាទេ ឰូនអាចទៅបាន។
លីឡឺ： ចាស! សូមអរគុណ។

២. ពាក្យថ្មី
二、生词

ទិដ្ឋាការ   ន.   签证
សន្លឹក   សំ.នុ.   片，张

បង់	កិ.	支付，交钱
ឆ្លងដែន	កិ.	过境
អក្សរសាស្ត្រ	ន.	文学
ម៉ាស៊ីនស្កេន	ន.	扫描仪
ម្រាមដៃ	ន.	手指

៣. ពាក្យថ្មីពាក់ព័ន្ធ
三、拓展词汇

ថ្លៃសេវាកម្ម	手续费
កន្លែងសាកសួរព័ត៌មាន	问讯处
សាលឆ្លងកាត់ព្រំដែន	出境大厅
រ៉ាលីសសម្យួរ	随身行李
ម៉ាស៊ីនពិនិត្យមើលលោហធាតុ	金属探测器
ហាងលក់ទំនិញរួចពន្ធ	免税商店
តារាងរាយឈ្មោះអីវ៉ាន់/តារាងប្រកាសអីវ៉ាន់	海关申报单
បណ្ណសុខភាពធ្វើដំណើរអន្តរជាតិ	国际旅行健康证
បណ្ណធ្វើដំណើរនៅហុងកុងនិងម៉ាការ	港澳通行证
បណ្ណស្នាក់នៅសម្រាប់ជនបរទេស	外国人居留许可证

៤. លំហាត់
四、练习

请根据以下情景，用柬埔寨语进行对话。

你作为一名刚落地柬埔寨机场的中国游客，到达入境大厅后在工作人员的指导下填写报关单。提取完行李后走海关的绿色通道，被海关工作人员抽检行李。确认无须申报物品后顺利出关。

៥. ការបកប្រែ
五、参考译文

情景 1　办理签证

工作人员：您好！请问有什么事吗？
李雷：　　您好！我想申请去柬埔寨的签证。
工作人员：请问您去柬埔寨的目的是什么，停留多长时间呢？
李雷：　　我去柬埔寨的目的是学习柬埔寨语，停留时间是 10 个月。
工作人员：好的！请给我您的护照以便复印。
李雷：　　好的！这是我的护照。
工作人员：请您出示两张照片和相关材料。
李雷：　　好的。那接下来，我该做什么呢？
工作人员：接下来，请您支付 300 元人民币。
李雷：　　好的。
工作人员：您 3 天之后过来取证吧。
李雷：　　好的，非常感谢。

情景 2　过境

工作人员：欢迎！请出示一下您的护照。
韩梅梅：　好的，谢谢。这是我的护照。
工作人员：请问您来柬埔寨的目的是什么？
韩梅梅：　我来柬埔寨是为了学习柬埔寨文学。

工作人员：之前您来过柬埔寨吗？
韩梅梅：　没有，这是我第一次来柬埔寨。
工作人员：请将手指放在扫描仪上。
韩梅梅：　好的，接下来我应该做些什么？
工作人员：请您拍照存档。
韩梅梅：　好的！现在完事了吗？
工作人员：是的，但是请您别忘记一个月以后要续签签证。
韩梅梅：　好的，我记住了，谢谢您，再见。
工作人员：不客气，一切顺利！

情景 3　安检

工作人员：欢迎！
李雷：　　谢谢！我应该怎样做呢？
工作人员：请您站在这块儿板上进行安检。
李雷：　　好的。有什么问题吗？
工作人员：没问题！您的行李为什么这么重呢？
李雷：　　因为我是学生，所以我有很多书。
工作人员：除了书还有些什么东西？
李雷：　　有衣服和日常生活用品。
工作人员：现在请您打开行李做开包检查。
李雷：　　好的！没问题。
工作人员：检查完毕，确认无问题。您可以走了。
李雷：　　好的，谢谢！

៦. តើអ្នកដឹងទេ
六、你知道吗

  如果游客在旅游期间，到当地人家中做客，忌把鞋子带入门内，客人上楼梯前应该先将鞋脱掉放在楼梯下，否则被认为是不礼貌的行为。柬埔寨人认为左手是不洁的，用左手拿东西或物品是不礼貌的表现。另外请不要随便触碰别人的头部，也不要随意抚摸小孩儿的头。

扫码收看视频

មេរៀនទី៣២ ការរកការងារ
第三十二课 求职

១. ការសន្ទនា
一、情景对话

ក. ការរៀបចំប្រវត្តិរូបសង្ខេប
情景 1 制作个人简历

វង្ហា៖ សួស្ដី បង! ថ្ងៃនេះ ប្អូនសូមសួរបងបន្តិច។

ចន្ទា៖ សួស្ដី ប្អូនវង្ហា! បើមានចម្ងល់សូរមកចុះ។

វង្ហា៖ ចាស បង! ខ្ញុំចង់ចេះពីរបៀបរៀបចំប្រវត្តិរូបសង្ខេបណាបង។

ចន្ទា៖ អូ ចឹង! ចាំបងជួយពន្យល់ពីរបៀបសរសេរណា។

វង្ហា៖ ចាស បង! ចុះជំហូង យើងគួររៀបចំពីណាទៅណាទៅ?

ចន្ទា៖ ដំបូងសរសេរអំពីព័ត៌មានផ្ទាល់ខ្លួនសិនដូចជា ឈ្មោះ ភេទ ឆ្នាំកំណើត។ល។

វង្ហា៖ ចុះបន្ទាប់មក យើងសរសេរអំពីអ្វីទៀត?

ចន្ទា៖ បន្ទាប់មក សរសេរអំពីកម្រិតអប់រំដូចជា បរិញ្ញាបត្រ ឬមនុបណ្ឌិត ឬក់

បណ្ដិត។

រដ្ឋា៖ ចាស បង ! ចុះបន្ទាប់មកទៀត យើងត្រូវសរសេរអំពីអ្វី?

ចន្ឋា៖ តមកទៀត សរសេរអំពីជំនាញផ្សេងៗដូចជា ទីផ្សារ ច្បាប់ បច្ចេកវិទ្យា។ ល។

រដ្ឋា៖ មានតែប៉ុណ្ណឹងចប់ហើយមែនទេបង?

ចន្ឋា៖ នៅទេ ! ឯូនត្រូវរៀបរាប់ពីបទពិសោធ ចំណងចំណូលចិត្ត និងអ្នកធានាខ្លួនឯូន។

រដ្ឋា៖ អូ ! ខ្ញុំយល់ហើយបង។ សូមអរគុណបងច្រើនណាស់។

ចន្ឋា៖ មិនអីទេ ឯូន។ បើមានចម្ងល់អាចសួរបងពេលក្រោយទៀតបាន។

រដ្ឋា៖ ចាស បង ! ឯូនសូមអរគុណ។

២. ការរកការងារធ្វើ
情景2 讨论求职意向

រដ្ឋា៖ សួស្ដី បងចន្ឋា តើបងកំពុងគិតអ្វី?

ចន្ឋា៖ អូ !សួស្ដី ឯូនរដ្ឋា បងកំពុងគិតអំពីការងារ។

រដ្ឋា៖ ឯទូរហ្នឹង បងមានការងារធ្វើហើយមែនទេ?

ចន្ឋា៖ នៅទេ ឯូន បងទើបនឹងរៀនចប់ ហើយកំពុងរកការងារធ្វើហ្នឹងណា។

រដ្ឋា៖ ចុះបងមើលព័ត៌មានទាក់ទងនឹងការរើសបុគ្គលិកនៅទំព័រសាលាយើងទេ?

ចន្ឋា៖ មើលតើ ឯូន ! ឯទូរនេះ មានសាលាងកជនមួយគេត្រូវការបុគ្គលិក។

រដ្ឋា៖ ល្អណាស់ បង ! ចុះបងមានចំណាប់អារម្មណ៍ដែរឬទេ ?

ចន្ឋា៖ គិតជាមាន ឯូន ព្រោះឯទូរបងគិតជាចង់ធ្វើការរកសុយណាស់។

មេរៀនទី៣២ ការរកការងារ 第三十二课 求职

វង្ស: ក្រៅពីគេហទំព័រសាលាយើង បងក៏អាចរកតាមវេបសាយផ្សេងៗទៀតផងដែរ។
ចន្ទា: បាទ ប្អូន! ហ្នឹងហើយ។ បងក៏បានរកតាមវេបសាយការងារខ្លះទៀតផងដែរ។
វង្ស: បងខិតខំយ៉ាងនេះ ប្អូនជឿថា បងនឹងរកការងារបានជាមិនខានឡើយ។
ចន្ទា: អរគុណហើយ ប្អូន ។

គ. ការចូលសម្ភាសន៍
情景3 求职面试

ប្រធាន: សួស្តី ប្អូន។ ហើយចុះប្អូន ឈ្មោះអ្វី រៀនចប់នៅសាលាណា?
វង្ស: ចាស ខ្ញុំឈ្មោះ វង្សា។ ខ្ញុំរៀនចប់នៅសាកលវិទ្យាល័យភូមិន្ទភ្នំពេញ។
ប្រធាន: តើប្អូនចេះភាសាអ្វីខ្លះក្នុងការទំនាក់ទំនង?
វង្ស: ចាស ខ្ញុំចេះភាសាខ្មែរ ភាសាអង់គ្លេស និងភាសាចិន។
ប្រធាន: ហេតុអ្វីបានជាប្អូនស្រីចង់មកធ្វើការនៅក្រុមហ៊ុនរបស់យើង?
វង្ស: ចាស! ព្រោះក្រុមហ៊ុននេះល្បីឈ្មោះហើយ ប្រសិនបើខ្ញុំមានឱកាសធ្វើការនៅក្រុមហ៊ុននេះ ខ្ញុំពិតជាខិតខំធ្វើការ ហើយចូលរួមចំណែកអភិវឌ្ឍក្រុមហ៊ុននេះដែរ។
ប្រធាន: ចុះប្រាក់ខែប្អូនត្រូវការប៉ុន្មាន?
វង្ស: ចាស! ខ្ញុំចង់បាន១០០០ដុល្លារ។
ប្រធាន: បាន ប្អូន! ដូច្នេះដើមខែក្រោយមកធ្វើការចុះណា។

រដ្ឋា ៖ ចាស! សូមអរគុណលោកប្រធានច្រើនណាស់។

២．ពាក្យថ្មី
二、生词

បុគ្គលិក	ន.	职员，工作人员
ឯកជន	គុ.	私人的，私立的
ប្រវត្តិរូប	ន.	简历，履历
សង្ខេប	គុ.	简要的，简短的
ផ្ទាល់ខ្លួន	គុ.	亲自
កម្រិត	ន.	水平
ភេទ	ន.	性别
បរិញ្ញាបត្រ	ន.	本科
អនុបណ្ឌិត	ន.	硕士
បណ្ឌិត	ន.	博士
ច្បាប់	ន.	法律
រៀបរាប់	កិ.	描述，叙述
បទពិសោធ	ន.	经历，经验
សម្ភាសន៍	ន.	面试
ប្រធាន	ន.	主席，领导
សមត្ថភាព	ន.	能力，职责
ប្រាក់ខែ	ន.	工资，薪水

៣. ពាក្យថ្មីពាក់ព័ន្ធ
三、拓展词汇

និយាយពីបទពិសោធការងារ		谈工作经验	
សង្គមកិច្ច		福利待遇	
ទទួលឱ្យធ្វើការងារ	聘用	បដិសេធ	拒绝
ចុះកិច្ចសន្យា	签合同	អំឡុងពេលប្រើសាកល្បង	试用期
ពិនិត្យសុខភាព	体检	ប្រាក់បៀវត្សប្រចាំឆ្នាំ	年薪
ការធានារ៉ាប់រងសម្រាប់ព្យាបាលជំងឺ		医疗保险	
ការធានារ៉ាប់រងសង្គម	社会保险	ប្រាក់រង្វាន់/បុព្វលាភ	奖金
វិស្សមកាលមានប្រាក់ឈ្នួល		带薪假期	
ចុះបំពេញបេសកកម្ម	出差	ឡើងមុខតំណែង	晋升
បណ្ដេញចេញពីការងារ	开除	ប្ដូរការងារ	跳槽

៤. លំហាត់
四、练习

请根据以下情景，用柬埔寨语进行对话。

情景 1

求职面试。在面试过程中，面试官与求职者围绕以下问题进行问答：

1. 简要介绍自己。
2. 为什么到我们公司应聘？
3. 你打算如何把自己以前的学习、工作经验应用到目前这份工作中？
4. 你对未来发展有什么样的职业规划？

情景 2

你和身边好友谈论个人的职业规划。结合自身的实际情况,谈论应如何突出个人简历中的亮点。

៥. ការបកប្រែ
五、参考译文

情景 1　制作个人简历

莱塔:占塔,今天我有点事想问你。

占塔:你好,莱塔!请你直说。

莱塔:我想学习如何制作个人简历。

占塔:没问题,我教你写简历。

莱塔:好的,我们首先需要写哪些信息呢?

占塔:首先,列举个人信息,比如姓名、性别、出生日期等。

莱塔:那接下来我们要写些什么呢?

占塔:接下来,你要写教育水平,比如本科学历、硕士研究生学历或者博士研究生学历。

莱塔:好的!那接下来应该写什么呢?

占塔:接下来,应该写专业技能,比如市场营销、法律、专业技术等。

莱塔:有这些就足够了吗?

占塔:还有呢!你要写工作经历、兴趣爱好,还要写上推荐人评语。

莱塔:哦!我明白了。非常感谢!

占塔:不客气。以后如果有问题,可以来问我。

莱塔:好的,谢谢!

情景2 讨论求职意向

莱塔：你好，占塔。你在想什么呢？
占塔：你好，我在思考工作的事。
莱塔：你找到工作了吗？
占塔：还没有呢。我刚刚毕业，现在正在找工作。
莱塔：你看学校网站上发布的招聘信息吗？
占塔：看过了。现在有一个私立学校正在招聘老师。
莱塔：你有什么想法？
占塔：我现在非常想找工作赚钱。
莱塔：除了学校的网站，你也可以再找找其他招聘渠道。
占塔：是的，我也在看招聘网站。
莱塔：你这么努力，一定会找到一份好工作。
占塔：谢谢你。

情景3 求职面试

面试官：您好，请问您叫什么名字，毕业于哪所学校？
莱塔： 我叫莱塔，毕业于金边皇家大学。
面试官：您会几门外语？
面试官：我会柬埔寨语、英语和中文。
面试官：您选择来我们公司工作的原因是什么？
莱塔： 因为这家公司久负盛名，如果我有幸能够被贵公司录用，我一定努力工作，为公司做出贡献。
面试官：您的期望工资是多少？
莱塔： 我的期望工资是1000美元。

面试官：好的。那您下个月就过来上班吧。
莱塔：　　好的，非常感谢。

៦. តើអ្នកដឹងទេ
六、你知道吗

  柬埔寨华文教育已有百余年历史，20 世纪 50 年代全国的华侨学校已有 170 多所，学生人数超过 25000 人；随着国内经济建设的需要以及中柬关系的良好发展，华文学校得到进一步发展。现在，仅金边市潮州会馆下属的端华学校就有学生 1.6 万人，在东南亚华校中名列前茅。目前，柬埔寨华文学校在师资配备上更加"中国化"，教师队伍中有 40%～50%来自中国。过去，华文学校的学生主要以华人及华裔子女为主，现在，在柬埔寨学习中文已不再是华侨华人后代的专利，而是越来越成为当地年轻人的追求。

មេរៀនទី៣៣ ពិធីបុណ្យ
第三十三课 柬埔寨传统节日

扫码收看视频

១. ការសន្ទនា
一、情景对话

ក. ពិធីបុណ្យចូលឆ្នាំប្រពៃណីខ្មែរ
情景 1 柬埔寨传统新年

ហានមេម:	សួស្តី បង តើបងទៅណាដែរ?
ចន្ទា:	សួស្តី ប្អូន ជិតដល់បុណ្យចូលឆ្នាំថ្មីហើយ បងទៅទិញសម្លៀកបំពាក់បន្តិច។
ហានមេម:	អូ បងមានកម្មវិធីអីមែនទេ! ទើបទិញសម្លៀកបំពាក់ថ្មី?
ចន្ទា:	បាទមាន ប្អូន គឺកម្មវិធីបុណ្យចូលឆ្នាំប្រពៃណីខ្មែរនោះអី។
ហានមេម:	នៅថ្ងៃណាដែរបង?
ចន្ទា:	យើងប្រារព្ធរយៈពេល៣ថ្ងៃ នៅថ្ងៃទី១៣ដល់ទី១៥ខែមេសា។
ហានមេម:	ពេលនោះមានលេងល្បែងប្រជាប្រិយខ្មែរដែរឬទេបង?
ចន្ទា:	មានគឺច្រើន! ដូចជា ចោលឈូង ទាញព្រ័ត្រ លាក់កន្សែង ជាដើម។
ហានមេម:	ចុះពេលរាត្រីវិញ មានរាំកម្សាន្តដែរទេបង?

ចន្ទា ៖ ពិតជាមាន ប្អូន ! ទាំងចាស់ទាំងក្មេង គឺនាំគ្នារាំចុះបាស់កម្សាន្ត។
ហានមេម ៖ ខ្ញុំគិតថា ពេលនោះ ពិតជាសប្បាយណាស់មែនទេឯង?
ចន្ទា ៖ មែនហើយប្អូន មួយឆ្នាំម្តង គឺសប្បាយឱ្យអស់ដៃហើយ។

ខ. ពិធីបុណ្យអុំទូក បណ្តែតប្រទីប សំពះព្រះខែ និងអកអំបុក
情景 2 送水节活动：赛龙舟，拜月亮和炒扁米

ហានមេម ៖ សួស្តី បង ថ្ងៃនេះទំនេរ ទេ?

ចន្ទា ៖ សួស្តី ប្អូន ថ្ងៃនេះជាថ្ងៃ អាទិត្យ បងមិនធ្វើការទេ។

ហានមេម ៖ ខ្ញុំចង់អញ្ជើញបងញាំបាយ ដើម្បីជជែកគ្នាលេងបន្តិច។

ចន្ទា ៖ មានអី ប្អូន ! ហើយប្អូន មានកិច្ចការអ្វីចង់សួរបង មែនទេ?

ហានមេម ៖ មានគឺ បង! ខ្ញុំចង់សួរបងទាក់ទងនឹងពិធីបុណ្យប្រពៃណីខ្មែរខ្លះ។
ចន្ទា ៖ បុណ្យប្រពៃណីខ្មែរមានច្រើន តើប្អូនចង់សួរបុណ្យមួយណា?
ហានមេម ៖ ចាស បង គឺបុណ្យអុំទូក បណ្តែតប្រទីប សំពះព្រះខែ និងអកអំបុក។
ចន្ទា ៖ នេះជាបុណ្យប្រពៃណីដូនតាខ្មែរតាំងពីបុរាណយូរលង់មកហើយ។
ហានមេម ៖ ចាស បង ! ភាគច្រើនប្រជាជនខ្មែរ គេប្រារព្ធធ្វើឡើងនៅពេលណា ដែរ ?
ចន្ទា ៖ បាទ ! ភាគច្រើនគេប្រារព្ធធ្វើនៅដូរទឹកស្រកក្នុងខែកត្តិកឬខែវិច្ឆិកា។
ហានមេម ៖ ហើយចុះ រយៈពេលប្រារព្ធវិញនោះ ប៉ុន្មានថ្ងៃដែរបង?
ចន្ទា ៖ មានរយៈពេល៣ថ្ងៃប្អូន គឺចាប់ពីថ្ងៃទី១៤កើត ដល់ថ្ងៃ១រោច ខែកត្តិក។

ហានមេម ៖ អូ បង ! ខ្ញុំឃ្លាថានៅពេលនោះមានព្រះចន្ទរះពេញវង់។
ចន្ថា ៖ ត្រូវហើយប្អូន ពេលនោះមានព្រះចន្ទមូលក្រឡង់ស្អាតណាស់។
ហានមេម ៖ ចាស បង ! ខ្ញុំយល់ហើយ។ សូមអរគុណច្រើនណាស់បង !
ចន្ថា ៖ មិនអីទេ ប្អូន។

គ. ពិធីបុណ្យភ្ជុំបិណ្ឌ
情景3　亡人节

រដ្ឋា ៖ គេបងដឹងថាបុណ្យ
ភ្ជុំបិណ្ឌខ្មែរយើង គេ
ប្រារព្ធនៅពេលណា?

ចន្ថា ៖ បាទ ប្អូន ! គេប្រារព្ធចាប់
ពីថ្ងៃ១រោចរហូតដល់ថ្ងៃ
១៥រោច ខែភទ្របទ។

រដ្ឋា ៖ អូចឹង ពិធីបុណ្យនេះមានរយៈពេល១៥ថ្ងៃមែនទេបង ?
ចន្ថា ៖ ហ្នឹងហើយ ប្អូន ! ហើយបុណ្យនេះគេប្រារព្ធធ្វើនៅខែងងឹតណាប្អូន។
រដ្ឋា ៖ ចុះហេតុអ្វីចាំបាច់ប្រារព្ធធ្វើឡើងនៅខែងងឹតទៅវិញបង?
ចន្ថា ៖ បាទ ប្អូន ! ព្រោះបុណ្យនេះ គឺប្រារព្ធឡើងតាមបែបព្រះពុទ្ធសាសនា។
រដ្ឋា ៖ អូ យល់ហើយបង។ ពេលនោះបងប្អូនខ្មែរយើងនឹងទៅវត្តមែនទេ ?
ចន្ថា ៖ ត្រូវហើយប្អូន ថ្ងៃនោះគេនឹងយកចង្ហាន់ទៅប្រគេនព្រះសង្ឃនៅវត្ត បង
ប្អូន ពូ មីង យាយ តានឹងជួបជុំគ្នា ធ្វើបុណ្យរមគ្គរីករាយណាស់។
រដ្ឋា ៖ អូចឹង ! ខ្ញុំយល់ដឹងហើយ អរគុណច្រើនបង។

២. ពាក្យថ្មី
二、生词

ពិធីបុណ្យ	ន.	节日
ប្រារព្ធ	កិ.	举行，举办
ល្បែង	ន.	游戏，游艺
ប្រជាប្រិយ	គុ.	民俗的，民间的
ចោលឈូង	កិ.	扔布包
ទាញព្រ័ត្រ	កិ.	拔河
លាក់	កិ.	躲藏
កន្សែង	ន.	手帕
រាំ	កិ.	跳舞
ពិធីបុណ្យអុំទូក	ន.	送水节
បណ្ដែត	កិ.	使之漂浮，使之飘荡
ប្រទីប	ន.	花灯，灯船
សំពះ	កិ.	祭拜，参拜
ព្រះខែ	ន.	月亮
អក	កិ.	抓一把干的食物放入口中吞下去
អំបុក	ន.	炒扁米
រដូវទឹកស្រក	ន.	枯水期
ព្រះចន្ទ	ន.	月亮
ពេញវង់	គុ.	圆满的，完整的
មូលក្រឡង់	គុ.	圆满的，浑圆的
បុណ្យភ្ជុំបិណ្ឌ	ន.	亡人节
ខែងងឹត	ន.	黑月，暗月

មេរៀនទី៣៣ ពិធីបុណ្យ 第三十三课 柬埔寨传统节日 231

វត្ត	ន.	寺庙
ចង្ហាន់	ន.	布施，施舍
ប្រគេន	កិ.	供养
ព្រះសង្ឃ	ន.	和尚，僧侣

៣. ពាក្យថ្មីពាក់ព័ន្ធ
三、拓展词汇

ថ្ងៃបុណ្យឆេងម៉េង	清明节		
ថ្ងៃបុណ្យអុំទូកចិន ថ្ងៃសែននំចាំង	端午节		
ថ្ងៃបុណ្យចូលឆ្នាំសកល	元旦	យប់ដាច់ឆ្នាំចិន	除夕
ថ្ងៃបុណ្យចូលឆ្នាំចិន	春节	ជុតជារ	放鞭炮
កាំជ្រួច	烟花	ថ្ងៃបុណ្យហៃអ្នកតា	元宵节
នំចាំង នំអន្សម	粽子	ការប្រកួតអុំទូក	赛龙舟
ថ្ងៃបុណ្យសំពះលោកខែ	中秋节	នំព្រះខែ	月饼
ទិវពលកម្ម	劳动节	ថ្ងៃបុណ្យជាតិ	国庆节
បុណ្យណូអែល	圣诞节		

៤. លំហាត់
四、练习

  请根据以下情景，用柬埔寨语进行对话。
  你的柬埔寨好友索披邀请你去参加金边市的送水节庆祝活动。他向你介绍了送水节的传统习俗，你非常感兴趣。你们约定好下午3点在皇宫附近的四臂湾剧场见面,然后一起去湄公河边观看划龙舟比赛。看完龙舟比赛后,相约去永旺超市的电影院看电影。

៥. ការបកប្រែ
五、参考译文

情景 1　柬埔寨传统新年

韩梅梅:占塔,你要去哪儿?

占塔:　你好,快过年了,我要去买衣服。

韩梅梅:你是要参加活动才买新衣服吗?

占塔:　是的。就是庆祝柬埔寨传统新年的活动。

韩梅梅:新年是哪天?

占塔:　新年一共3天,从4月13号到15号。

韩梅梅:在那个时候,你会玩儿柬埔寨民俗游戏吗?

占塔:　会啊,比如扔布包、拔河、丢手绢、赛龙舟等。

韩梅梅:在晚上会举办舞会吗?

占塔:　是的。男女老少欢聚一堂载歌载舞。

韩梅梅:我猜那个时候一定很欢乐吧?

占塔:　一年一次,尽兴而归。

情景 2　送水节活动:赛龙舟,拜月亮和炒扁米

韩梅梅:占塔,今天你有空儿吗?

占塔:　今天是星期天,我不用去上班。

韩梅梅:我想请你吃饭,一起聊聊天儿。

占塔:　好啊,你是有事想问我吗?

韩梅梅：是的，我想问你一些关于柬埔寨传统节日的话题。
占塔：　柬埔寨有许多的传统节日，你想知道哪个呢？
韩梅梅：我想了解送水节的活动，比如赛龙舟、拜月神、炒扁米。
占塔：　这些是柬埔寨流传至今的习俗。
韩梅梅：那柬埔寨人大多会在什么时候举办这些活动呢？
占塔：　大多数是在佛历12月举办。
韩梅梅：这些活动会举办几天？
占塔：　为期3天，从佛历12月14号到17号。
韩梅梅：我听说在那个时候有满月出现。
占塔：　是的，那个时候的月亮又大又圆，很漂亮。
韩梅梅：谢谢，我明白了。
占塔：　不客气。

情景3　亡人节

莱塔：占塔，你知道柬埔寨的亡人节是哪天吗？
占塔：柬埔寨的亡人节是佛历10月1日至15日。
莱塔：那亡人节是为期15天，对吗？
占塔：是的，并且亡人节是在黑月度过的。
莱塔：为什么亡人节会在黑月度过呢？
占塔：因为这个节日是按照佛教传统过的。
莱塔：我明白了。在那个时候柬埔寨人会去寺庙吗？
占塔：是的，那天人们会带上施舍去寺庙里供养僧侣，兄弟姐妹、亲朋好友也会聚在一起过节。
莱塔：我明白了，谢谢你。

៦. តើអ្នកដឹងទេ
六、你知道吗

　　新年是柬埔寨一年当中最隆重、最热闹的传统节日，全国上下都充满着欢乐、喜庆的节日氛围。柬埔寨信奉南传上座部佛教，采用佛历纪元，以释迦牟尼涅槃当年为佛历元年。柬埔寨新年为期3天，通常是4月13日到15日或者从14日到16日。

　　柬埔寨新年的第一天称为守岁，是准备结束旧的一年、迎接新的一年。家家户户准备好香烛和供品，在佛像或神像前跪拜3次，祈健康佑平安；人们用喷有香水的水在早上洗脸，中午洗身子，晚上睡觉前洗脚，以求获得好运。第二天称为辞岁，人们给老人、父母以及对自己有恩德的人送去新衣服和食物，还会前往寺庙祭拜祖先。第三天称为新岁，这一天寺庙会举行浴佛仪式，将佛像擦拭干净，洒上香水，祈求佛祖保佑国泰民安。人们将浴过佛的水带回家，洒在老人、孩子和家人头上，或是用来洗脸，寓意着吉祥如意。寺庙也是柬埔寨人民欢庆新年的一个重要场所。

生词总表

ក.

ការងារ	工作，任务，事务	（1）
ក្មួយ	侄子，侄女	（1）
ការិយាល័យសិក្សា	自习室	（2）
កិច្ចការផ្ទះ	作业，家庭作业	（3）
កុន	电影	（4）
ការី	咖喱	（5）
កាហ្វេ	咖啡	（5）
កែវ	杯	（5）
ក្តៅ	热的，炎热的	（6）
ការព្យាករអាកាសធាតុ	天气预报	（6）
កម្មវិធី	活动	（7）
កាល:ទេស:	场合	（7）
ការស្លៀកពាក់	着装	（7）
ក្រអោបះដួង	心境，感受	（8）
កំពត	贡布省（地名）	（9）
ក្បោះក្បាយ	详细的，细节的	（9）
កាន់តែ	越来越……	（12）
ក្តីសុបិន	梦想，理想	（12）
ក្លាយ	变成，变化	（12）
ក្រពើ	鳄鱼	（16）
ការប្រគុំតន្ត្រី	演唱会	（17）
ក្រុងព្រះសីហនុ	西哈努克市（地名）	（19）
កៅស៊ូ	沥青，橡胶	（19）
ក្អក	咳嗽	（20）
ក	脖子，喉咙	（20）
ក្តៅខ្លួន	发热，发烧	（20）
កក់	预约，预订	（21）
ក្រុមហ៊ុន	公司	（22）
កុំព្យូទ័រ	电脑	（22）
កសាង	建造	（24）
ការបូបលុយ	钱包	（26）
កំប្លេ	套	（26）
ក្លិន	气味	（27）
កម្មវិធី	应用，软件	（29）
ការទទាត់ប្រាក់	钱包	（29）
កាតឥណទាន	信用卡	（30）
កាតឥណពន្ធ	借记卡	（30）

កម្រិត 水平 (32)
កន្សែង 手帕 (33)

ខ.
ខេត្ត 省份 (1)
ខប់ 打包 (5)
ខោខាវប៊យ 牛仔裤 (7)
ខួប 周年 (7)
ខុស 不同的，相异的 (9)
ខ្ចី 借 (11)
ខ្ទិះ 椰汁，椰浆 (15)
ខក 过头，错过，耽误，阻挡 (17)
ខៀវស្រងាត់
郁郁葱葱的，茂盛的 (19)
ខួរក្បាល 大脑 (19)
ខ្ញី 生姜 (20)
ខ្សែក្រវាត់ 腰带 (26)
ខែងងឹត 黑月，暗月 (33)

គ.
គ្រឿងយន្ត 机器，机械 (1)
គ្រួសារ 家庭 (2)
គល់ស្លឹកគ្រៃ 香茅根 (4)
គិតលុយ 买单，付钱 (5)
គុណធម៌ 恩惠，恩德 (8)
គន្លឹះ 关键 (10)

គោលដៅ 目标 (12)
គយគន់ 欣赏 (17)
គ្រូពេទ្យ 医生 (20)
គ្រប់គ្រាន់ 足够的，充足的 (20)
គេង 睡觉 (20)
គ្រែ 床 (21)
គង់ប្រថាប់ 放置，放在 (24)
គុណភាព 质量 (26)
គីឡូ 千克 (27)
គ្រឿង 部，个 (28)

យ.
យើញ 看见，看到 (10)

ង.
ងូតទឹក 洗澡 (20)

ច.
ចុះ...វិញ 那……呢？ (1)
ចេញពីរៀន 下课 (3)
ចែករំលែក 分享，互享 (6)
ចំណេះដឹង 知识 (6)
ចរិត 品质，品德 (10)
ចំណង់ចំណូលចិត្ត 兴趣爱好 (11)
ចាប់ផ្ដើម 开始，使开始 (12)
ចាប់អារម្មណ៍ 感兴趣 (14)

ចែងចាំង 霞光，霞 (14)
ចេក 香蕉 (15)
ចប់ 完结，结束 (16)
ចម្រៀង 歌曲 (16)
ចេញដំណើរ 出发，出行 (19)
ចុះឈ្មោះ 注册，登记 (21)
ចោទ 质问，控告 (23)
ចែករំលែក 分享 (29)
ចៃដន្យ 碰巧，巧合 (29)
ចំនួន 总数，数量 (30)
ច្បាប់ 法律 (32)
ចោលឈូង 扔布包 (33)
ចង្អាន់ 布施，施舍 (33)

ឆ.

ឆាត្រៀងសាច់គោ 炒牛肉 (4)
ឆ្ងាញ់ 好吃的，美味的 (4)
ឆន្ទៈ 毅力，决心 (12)
ឆ្លងដែន 过境 (31)

ជ.

ជម្រាបសួរ (尊敬地)您好，问候 (1)
ជុំញាតិមិត្ត 亲戚 (8)
ជក់ចិត្ត 摄人心魄的，吸引人的 (16)

ជនជាតិ 民族 (9)
ជនជាតិចាម 占族 (9)
ជនជាតិចារ៉ាយ 加莱族 (9)
ជនជាតិដើម 原住民 (9)
ជនជាតិពូង 普农族 (9)
ជិតស្និទ្ធ 亲密的，相近的 (10)
ជំហរ 立场 (12)
ជ្រក់ 酸菜，泡菜 (15)
ជំងឺ 病症 (20)

ឈ.

ឈាន 朝向 (12)
ឈុយ 香气扑鼻的，香味诱人的 (27)

ដ.

ដាក់ 布置（作业） (3)
ដាំ 种植 (4)
ដប 瓶 (5)
ដូនតា 祖先，先辈 (9)
ដោះស្រាយ 解决 (10)
ដំណោះស្រាយ 解决方法 (10)
ដំឡើង 升级，安装 (10)
ដងផ្លូវ 道路 (19)
ដុល្លារ 美元 (28)
ដកប្រាក់ 取钱 (30)

ដូរលុយ 换钱，兑换货币 (30)

ត．

តា 爷爷 (2)
ត្រៀម 准备，预备 (3)
តុ 桌子 (5)
តំណាង 代表 (7)
តំបន់ទេសចរណ៍ 风景名胜，风景区 (9)
តន្ត្រី 音乐，乐曲 (11)
តម្លៃ 价值，价格 (12)
តូចតាច 微小的 (12)
តាំងចិត្ត 下决心 (12)
តុកតុក 突突车 (13)
ត្រីអណ្ដែង 鲶鱼 (15)
តារា 明星 (16)
តួសម្តែង 演员 (16)
តំណាង 代表 (18)
ត្រពាំង 池塘 (19)
តម្លៃ 价格 (26)
តាក់ស៊ី 出租车 (27)
ត្រប់រវៀង 茄子 (27)

ថ．

ថ្ងៃ 天，日子 (1)
ថ្ម 石头 (6)

ថតរូប 摄影，照相 (11)
ថតចម្លង 复印 (21)
ខ្ចប់ 打包 (22)
ថ្លៃ 贵的，价格贵的 (26)

ទ．

ទំនេរ 空闲的，有空儿的 (1)
ទេសភាព 景色，风景 (1)
ទិញ 买，购买 (2)
ទឹកបរិសុទ្ធ 矿泉水 (5)
ទឹកកក 冰块儿 (5)
ទឹកដោះគោ 牛奶 (5)
ទន្លេចតុមុខ 四臂湾（地名）(8)
ទិដ្ឋភាព 景色 (11)
ទីតាំង 场所，地方 (9)
ទុរេន 榴梿 (9)
ទំនាក់ទំនង 联系，关系 (9)
ទំនៀមទម្លាប់ 习俗，风俗习惯 (9)
ទឹកចិត្តកក់ក្តៅ 热情，热心肠的 (10)
ទូរសព្ទ 电话，手机 (10)
ទៀងត្រង់ 诚实的 (10)
ទេពកោសល្យ 天赋 (11)
ទួលទំពូង 株德奔市场（地名）(13)

ទឹកផ្លា 德克拉（地名）	(14)
ទូទឹកកក 冰箱	(15)
ទឹកដមសំឡេង 声音	(17)
ទេពកោសល្យ 天赋	(17)
ទ្វារ 门	(24)
ទាត់សី 踢毽子	(25)
ទំនុកចិត្ត 放心，安心	(26)
ទាន់ 赶上，迅速地	(27)
ទិដ្ឋាការ 签证	(31)

ធ.

ធម្មជាតិ 自然，植物	(6)
ធំធេង 大的，巨大的	(12)
ធូរ 舒缓，缓和	(20)
ធានា 保证，保修	(26)

ន.

និយាយ 说，说话，对话	(2)
ន័យ 意义，含义	(12)
នាវា 游船，游轮	(14)
នរោត្តម 诺罗敦（人名）	(16)
នឿយហត់ 劳累的	(19)

ប.

ប៉ុន្តែ 但是（表转折）	(1)
បង 哥哥，大哥	(1)
ប្រឡងឆមាស 期末考试	(1)
បណ្ណាល័យ 图书馆	(2)
ប៉ា 爸爸（口语）	(2)
ប្អូនស្រី 妹妹	(2)
ប្រគល់ជូន 交（作业）	(3)
បន្ទប់ 房间	(4)
បង្អួច 窗户	(5)
ប្រៃ 重的，咸的（口味）	(5)
បង្គង 大虾	(5)
ប្រជាជន 人民	(6)
ប្រពៃណី 传统的	(7)
បែក 分开，分离	(8)
បុណ្យទាន់ខែភ្លី 百善孝为先（柬俗语）	(8)
បរិភោគ 吃，食用	(9)
បុរាណ 古代的，古老的	(9)
ប្រជាជន 人民，民众	(9)
ប្រាសាទអង្គរវត្ត 吴哥窟	(9)
បច្ចេកវិទ្យា 技术，科技	(10)
បញ្ហា 问题	(10)
បញ្ជោះ 发送，发帖	(11)
បណ្ណាគារ 书店	(11)
ប្រគំ 演奏	(11)
ប្រលោមលោក 小说	(11)
ប្រាសាទតាព្រហ្ម 塔布隆寺	(11)

ប្រាសាទបន្ទាយស្រី 女王宫 (11)
ប្រាសាទព្រះខ័ន 圣剑寺 (11)
ប្រចាំថ្ងៃ 每天的 (12)
បណ្ដោយ 长度，纵向 (13)
ព្រលានយន្តហោះ 机场 (13)
បើកបរ 开，驾驶 (14)
បង្អែម 甜品 (15)
បម្រើ 服务 (15)
បង្ហើប 微开，半开 (16)
បញ្ចាំង 放映 (16)
បបួល 邀请 (16)
ប្រឡង 考试 (16)
បញ្ចូល 加入，添加 (18)
បញ្ជី 名单 (18)
បេតិកភណ្ឌវប្បធម៌អរូបី
非物质文化遗产 (18)
បណ្ដើរ 带领，陪伴 (19)
បឹងបួ 湖泊 (19)
បន្ទប់ 房间 (21)
បំព្រង 艳丽的，鲜艳的 (23)
ប៉ះ 触及，涉及 (23)
បក្សី 鸟类 (24)
បាល់ទាត់ 足球 (25)
បាល់ទះ 排球 (25)
បញ្ចុះ 使降低 (26)

បន្ថែម 蒙混，以次充好 (27)
ប្រញាប់ 着急，急忙 (27)
បង្ហោះ 发送，上传 (29)
បណ្ដាញទំនាក់ទំនងសង្គម 社交网络 (29)
បណ្ដាញអ៊ីនធឺណិត 互联网 (29)
បណ្ឌិត 博士 (32)
បទពិសោធ 经历，经验 (32)
បរិញ្ញាបត្រ 本科 (32)
បុគ្គលិក 职员，工作人员 (32)
ប្រវត្តិរូប 简历，履历 (32)
ប្រាក់ខែ 工资，薪水 (32)
ប្រធាន 主席，领导 (32)
បណ្ដែត 使之漂浮，使之飘荡 (33)
បុណ្យភ្ជុំបិណ្ឌ 亡人节 (33)
ប្រគេន 供养 (33)
ប្រជាប្រិយ 民俗的，民间的 (33)
ប្រទីប 花灯，灯船 (33)
ប្រារព្ធ 举行，举办 (33)

ផ

ផ្លែឈើ 水果 (2)
ផ្កាម៉ាំង 马齿苋花 (4)
ផ្កាម្លិះ 茉莉花 (4)
ផ្កាឈូករ័ត្ន 太阳花 (4)

ជាមួង 丝织品	(7)	ព្រះបរមរាជវាំង 皇宫	(13)
ផ្ទះសម្បែង 房屋	(8)	ពេក 太过……	(14)
ផ្ញើ 寄送，发送	(10)	ពេញនិយម 受人欢迎的，受人喜爱的	(17)
ផែនការ 计划	(12)	ពិនិត្យ 检查	(20)
ផ្ដោត 朝向，针对	(12)	ព្យាបាល 治疗	(20)
ផ្លូវកាត់ 捷径，近路	(12)	ព្រួយបារម្ភ 担心，担忧	(20)
ផ្សារដើមគរ 沙哥南市场（地名）	(13)	ពពក 云朵	(23)
ផ្នែក 部分	(18)	ព្រះពុទ្ធសាសនា 佛教	(24)
ផ្លូវជាតិ 国道	(19)	ព្រហ្មញ្ញសាសនា 婆罗门教	(24)
ផលប្រយោជន៍ 成果，益处	(19)	ពេញចិត្ត 满意	(26)
ផ្ដាសាយ 感冒	(20)	ពិធីបុណ្យ 节日	(33)
ផ្ទះសំណាក់ 旅馆	(23)	ពិធីបុណ្យអុំទូក 送水节	(33)
ផ្សារទំនើប 超市	(26)	ពេញវង់ 圆满的，完整的	(33)
ផ្កាក្រសាំង 酸果树花	(27)	ព្រះខែ 月亮	(33)
ផ្លែម៉ៀន 龙眼	(27)	ព្រះចន្ទ 月亮	(33)
ផ្សព្វផ្សាយ 传播，发扬	(29)	ព្រះសង្ឃ 和尚，僧侣	(33)
ផេក 网页	(29)	មូលក្រឡង់ 圆满的，浑圆的	(33)
ផ្ទាល់ខ្លួន 亲自的	(32)		

ព．

ពូ 叔叔	(1)	ភ．	
ព័ត៌មាន 信息，资讯，新闻	(2)	ភ្លាម 立刻，马上	(4)
ពុក 爸爸	(2)	ភេសជ្ជៈ 饮料	(5)
ពិធីមង្គលការ 婚礼	(7)	ភ្លៀង 雨	(6)
ពីរោះ 声音动听的	(11)	ភ្ជុំបិណ្ឌ 亡人节	(7)
		ភ្នំជីស្វរ 基素山（地名）	(8)
		ភូមិសាស្ត្រ 地理，地理学	(9)

ភោជនីយដ្ឋាន 餐厅，饭馆儿 (15)
ភាពយន្ត 电影 (16)
ភៀវទេសចរ 游客 (23)
ភ្នំបូកគោ 波哥山（地名）(23)

ម.

មុខវិទ្យា 专业，主科，主修专业 (2)
មិន……សោះទេ 根本不…… (2)
មកពី 因为 (2)
ម៉ែ 妈妈 (2)
ម៉ាក់ 妈妈（口语）(2)
មើល 看 (4)
មូរគ្រឿងសាច់គោ 牛肉酸汤 (5)
មរតក 遗产 (9)
ម្ល៉េះ 这样，如此 (11)
ម៉ូតូឌុប 摩托车 (13)
ម្យ៉ាងទៀត 另外，除此之外（口语）(15)
មូបកមួង 凉菜 (15)
មូបឆ្អិន 熟食 (15)
មោទនភាព 骄傲，自豪 (18)
មន្ទីរពេទ្យ 医院 (20)
ម៉ាំមួន 强壮的，紧致的，紧实的 (25)
ម៉ាក 品牌 (28)

ម៉ាស៊ីនស្កេន 扫描仪 (31)
ម្រាមដៃ 手指 (31)
មូលក្រឡង់ 圆满的，浑圆的 (33)

យ.

យាយ 奶奶 (2)
យប់ 晚上 (3)

ស.

សុខសប្បាយ 安好，健康，顺利 (1)
ស្រែចម្ការ 农务，农活 (1)
សាលា 学校 (1)
សិន 先，一会儿，一下子 (1)
ស្អាត 美丽的，漂亮的，干净的 (1)
សួរនាំ 查询，查阅 (2)
សរសេរ 写，书写，写作 (2)
សាយណ្ហសួស្តី 午安，下午好 (2)
សៀវភៅ 书本，书籍 (2)
សមាជិក 成员 (2)
ស្លឹកក្រូចសើច 苦橙叶 (4)
សណ្តែកដី 花生 (4)
សម្អាត 清扫，清洁 (4)
ស្តាំដៃ 右手 (5)
សាប（口味）清淡的 (5)

ស្ងោរ	熬，炖	(5)	ស្ទឹងមានជ័យ	士多棉芷（地名）	(14)
ស្ករ	糖	(5)	សេវាកម្ម	服务业	(15)
សិប្បកម្ម	手工业	(6)	សម្លគុងយ៉ាំបងង	冬阴功汤	(15)
សម្ភារ	物品，物资	(7)	សិល្បៈ	艺术	(18)
សម័យទំនើប	现代	(7)	សាលាភូមិន្ទវិចិត្រសិល្បៈ		
សប្បាយចិត្ត	开心，快乐	(8)	皇家艺术大学		(18)
សាច់ជ្រូក	猪肉	(9)	សម្តេច ជួន ណាត	尊那僧王（人名）	
សាមគ្គីភាព	团结	(9)			(18)
ស្គាល់	认识，知晓	(9)	សម្ភារ	物品，器材	(19)
ស្រុកកំណើត	家乡，故乡	(9)	សល់	剩下	(19)
សន្តិវិធី	和平方式，和平手段	(10)	សុខភាព	健康	(20)
ស្រឡាញ់	爱，热爱	(10)	សណ្ឋាគារ	酒店	(21)
សុភូតបូត	谦虚的	(10)	សរុប	总共	(21)
ស្អាត	美丽的，干净的	(10)	ស្នាក់	停留	(21)
សិល្បករ	艺术家，演员	(11)	សណ្ដាប់ធ្នាប់	秩序，规矩	(24)
ស្ដាយ	遗憾的	(11)	សម្បូរ	富有，富含	(24)
សាលាមត្តេយ្យ	幼儿园	(12)	ស្ថាបត្យកម្ម	建筑	(24)
ស្ថានទូត	使馆	(13)	ស្បែកជើង	鞋子	(26)
ស្ថានអាកាស	立交桥	(13)	សាវម៉ាវ	红毛丹	(27)
សហព័ន្ធ	联盟，同盟	(13)	ស្ទូ	搭配	(27)
សាកលវិទ្យាល័យភូមិន្ទភ្នំពេញ			ស្លឹកម្រះ	罗勒叶	(27)
金边皇家大学		(13)	ស្រក់	滴下，沥下	(27)
សុវត្ថិភាព	安全	(14)	សេរី	系列	(28)
សាំង	汽油	(14)	ស្មើ	等于，相等	(28)

សកលលោក 世界	(29)	
សកលភាវូបនីយកម្ម 全球化	(29)	
សន្លឹក 片，张	(31)	
សង្ខេប 简要的，简短的	(32)	
សមត្ថភាព 能力，职责	(32)	
សម្ភាសន៍ 面试	(32)	
សំព៖ 祭拜，参拜	(33)	

ហ．

ហៅម្ហូប 点餐	(5)
ហ្វល 绫	(7)
ហ្វេសប៊ុក 脸书	(10)
ហ៊ាន 敢于（做某事）	(12)
ហៀរសម្បោរ 流鼻涕	(20)
ហាងឆេង 行情，汇率	(30)

យ．

យាយ 奶奶	(2)
យប់ 晚上	(3)
យុវជន 青年，年轻人	(17)
យ៉ាងតិច 至少	(22)

រ．

រវល់ 忙于做某事	(1)
រ．វ. 忙碌地，繁忙地	(1)
រួច 完成，做完的	(3)

រសជាតិ 味道，口味	(5)
រដូវ 季节	(6)
រដូវប្រាំង 旱季	(6)
រដូវវស្សា 雨季	(6)
របៀប 种类，类别	(10)
រប់អាន 相处	(10)
រូបភាព 图片	(10)
រំភើបចិត្ត 感动的，心情激动的	(10)
រឹងមាំ 坚定的，坚固的	(12)
រញា 害怕，气馁	(12)
រោងភាពយន្ត 电影院	(16)
របាំងមុខ 面具	(18)
រឿងរាមកេរ្តិ៍ 《罗摩赞》（神话）	(18)
រឿងព្រេង 神话，传说	(18)
រាងកាយ 身体	(19)
រមណីយដ្ឋាន 风景名胜	(23)
រាជ្យព្រះបាទពញាយ៉ាត 奔哈·亚国王（人名)	(24)
រហ័សរហួន 快地，敏捷地	(25)
រសជាតិ 味道	(27)
រុងរឿង 繁荣的	(29)
រៀបរាប់ 描述，叙述	(32)
រាំ 跳舞	(33)

ល.

លា	离开，走开，再见	(1)
លើក	次，次数	(9)
លក្ខណៈ	性质，特性	(10)
ល្បី	著名的，有名的	(11)
លទ្ធផល	成果	(12)
លឿន	快的，速度快的	(14)
ល្ខោនខោល	考尔剧	(18)
ល្បីល្បាញ	著名的，有名的	(18)
លិខិតឆ្លងដែន	护照	(21)
លម្អិត	细致的，详细的	(22)
ល្ហុង	木瓜	(27)
លុយសុទ្ធ	现金	(28)
លេខសម្ងាត់	密码	(30)
ល្បែង	游戏，游艺	(33)
លាក់	躲藏	(33)

ឡ.

ឡានក្រុង	公共汽车	(27)
ឡុកឡាក់សាច់គោ	炒牛肉	(27)

អ.

អរុណសួស្ដី	早上好，早安	(2)
អំណាន	阅读	(2)
អាហារពេលព្រឹក	早餐	(3)
អគារ	建筑，大楼	(3)
អន្តរជាតិ	国际的	(3)
អាហារដ្ឋាន	食堂	(5)
អាកាសធាតុ	天气	(6)
អារប៉ាក់	刺绣，绣花	(7)
អូរប៊ុស្ស៊ី	乌亚西（地名）	(7)
អាវយឺត	T恤	(7)
អាពាហ៍ពិពាហ៍	婚礼	(8)
អនុវត្ត	实行，实现	(12)
អ្នកប្រវត្តិវិទ្យា	历史学家	(12)
អនាម័យ	卫生	(15)
អត្ថន័យ	含义，内涵	(16)
អំពើ	行为	(16)
អង្គការយូណេស្កូ	联合国教科文组织	(18)
អាការៈ	症状	(20)
អត្តសញ្ញាណប័ណ្ណ	身份证	(21)
អនឡាញ	在线的，线上的	(22)
អាកាសចរណ៍	航空业	(22)
អ៊ីមែល	电子邮件	(22)
អីវ៉ាន់	物品	(26)
អង្គុក	存储	(28)
អាស្រ័យ	依靠，依赖	(28)
អក្សរសាស្ត្រ	文学	(31)
អំបុក	炒扁米	(33)

អក 抓一把干的食物放入口中吞下去 （33）

វ．

របៀបធម៌ 文化	（9）
វិនាគ 微信	（10）
វគ្គ 段，节，部分	（16）
វិមានឯករាជ្យ 独立纪念碑（地名）	（16）
វិស្សមកាល 假期	（19）
វាលស្រែ 田原，田野	（19）
វិធី 方法，方式	（21）
វីសាកាត VISA 卡	（21）
វិក្កយបត្រ 发票	（21）
វត្តភ្នំ 塔仔山（地名）	（24）
វិនាគ 微信	（29）
វីដេអូឃ្លីប 短视频	（29）
វេបសាយ 网站	（29）
រៀបរាប់ 描述，叙述	（32）
ឯកជន 私人的，私立的	（32）
វត្ត 寺庙	（33）

ព．

ពទ្យេរ 现在，当下，目前 （1）

ឧ．

| ឧស្សាហ៍ 勤快的，勤奋的 | （1） |
| ឧបសគ្គ 困难 | （12） |

ឯ．

ឯកជន 私人的，私立的 （32）